KÖNIGSSCHLOß

NEUSCHWANSTEIN

Schloßbeschreibung · Baugeschichte · Sagen

Julius Desing

mit Fotos von
Klaus und Wilhelm Kienberger

Verlag Wilhelm Kienberger Lechbruck

LUDOVICUS II.
BAVARIAE REX.
MDCCCLXV.

Die Baugeschichte des Schlosses Neuschwanstein

Das Bauen war immer schon ein Privileg der Fürsten und Könige. Die bayerische Herrscherfamilie bildete hier keine Ausnahme. Nicht nur bei König Ludwig II. entwickelte sich das Bauen im Laufe der Zeit zu einer wahren Leidenschaft. Kurfürst Max Emanuel zum Beispiel hatte in Schleißheim mit dem Bau einer weitläufigen, sich an Versailles orientierenden Schloßanlage begonnen - die aber ebenfalls wie zwei der Schlösser Ludwigs II. unvollendet geblieben ist. Der Vater Ludwigs, Max II., hatte die Verlegung der gesamten Hofhaltung in ein neu zu errichtendes Schloß bei Feldafing geplant. Er erwarb auch die Ruine des alten Schlosses Schwanstein im Allgäu, das er wieder aufbaute und das dann als Schloß Hohenschwangau der Sommersitz seiner Familie geworden ist. Er trug sich seinerzeit auch schon mit dem Gedanken, die beiden alten Burgruinen Vorder- und Hinterhohenschwangau (Bild 2), an deren Stelle heute Neuschwanstein steht, wiederaufzubauen. Dieser Plan wurde aber von ihm nicht verwirklicht.

Nach dem Tode seines Vaters im Jahre 1864 wurde das Schloß Hohenschwangau der Lieblingssitz des jungen Königs Ludwig II. von Bayern. Er schwärmte von diesem „Paradies auf Erden, das ich mit meinen Idealen bevölkere und dadurch glücklich bin." Hohenschwangau war die Quelle, aus der der junge Herrscher später seine Ideen schöpfte und diese mit den damals modernsten Mitteln und Techniken in seinen eigenen Schlössern verwirklichte.

Ein Besuch der Wartburg im Mai 1867 erweckte in Ludwig die Idee, selbst ein romantisches Schloß zu errichten. Dazu kam noch folgende Tatsache: Durch den verlorenen Krieg 1866 trat in Bayern eine große Not auf. Wie ernst der junge König diese Angelegenheit nahm, geht aus einem Zeitungsbericht des „Füssener Blattes" vom 16.1.1867 hervor: „München, 9.1.: Der königliche Hofgärtner, Herr Effner, wurde beauftragt, sofort verschiedene Gartenanlagen und andere Arbeiten ausführen zu lassen, damit der herrschenden Arbeitslosigkeit einigermaßen abgeholfen werde." Diese Sachlage dürfte den Entschluß des Königs unterstützt haben, die alte Idee seines Vaters, in Hohenschwangau ein zweites Schloß zu bauen, wieder aufzugreifen.

2. Die Ruine der beiden Burgen Vorder- und Hinter Hohenschwangau, vor 1830

Der Standort des neuen Schlosses hat folgenden geschichtlichen Hintergrund: Bei Hohenschwangau, das im Mittelalter von großer strategischer Bedeutung gewesen ist, gab es ursprünglich vier Burganlagen. Die eine war Schwanstein, das heutige Schloß Hohenschwangau. Unmittelbar westlich davon lag die Burg Frauenstein, deren Lage heute nur noch durch einen Gedenkstein bezeichnet ist. Die beiden anderen Burgen befanden sich auf der bewaldeten Höhe im Südosten von Hohenschwangau, dem sogenannten Neudeck (Bild 2).

Der König ließ einige Entwürfe zu dem geplanten Schloßbau anfertigen (Bild 3 und 4), ein Entwurf von dem Münchner Theatermaler Christian Jank (Bild 5) fand weitgehend seine Zustimmung.

3. Vorentwurf für Neuschwanstein, Graf v. Pocci, 1868

4. Vorentwurf für Neuschwanstein, Christian Jank 1868

5. Entwurf für Neuschwanstein, Christian Jank, 1869

Das neue Schloß erforderte keine gartenarchitektonischen Anlagen. Wie einen Edelstein in einer herrlichen Fassung konnte er es in ein natürliches großartiges Felsenszenarium stellen. Ludwig II. legte großen Wert auf die Harmonie zwischen Landschaft und Bauwerk. Daß er dies meisterhaft verstanden hat, beweisen alle sein Schöpfungen.

Die Planung des Schloßbaus wurde dem königlichen Hofbaudirektor Riedel anvertraut, unter dessen Leitung dann auch der gesamte Rohbau ausgeführt worden ist. Im Juli 1868 wurden nach umfangreichen Voruntersuchungen der Bodenverhältnisse die Straße und eine Wasserleitung zur Baustelle angelegt. Die beiden Burgruinen (Bild 2) wurden abgetragen und die freigelegte Felskuppe um 7 - 8 Meter abgesprengt, um eine vergrößerte Bauplattform zu schaffen. Am 5.9.1869 wurde der Grundstein zum Bau der „Neuen Burg zu Hohenschwangau" gelegt - das gewaltige Werk konnte beginnen (Bild 7).

Nach der Grundsteinlegung konzentrierte sich die gesamte Bautätigkeit fast nur auf den Torbau (Bild 8). Ludwig II., der mit Vorliebe vom Tassilo-Zimmer des väterlichen Schlosses Hohenschwangau aus mit einem Fernrohr die Entstehung des neuen Schlosses ungeduldig verfolgte, beschloß, für sich im Torbau eine Wohnung einrichten zu lassen von der er das Werden seines Wunsch-Schlosses aus nächster Nähe erleben konnte. Außerdem war es möglich, in diesem Gebäude komfortable Aufenthaltsräume für die Bau-Aufsicht zu schaffen. Erst nachdem 1873 der Torbau vollständig fertiggestellt und eingerichtet war, begann der Bau des eigentlichen Schlosses (Bild 9).

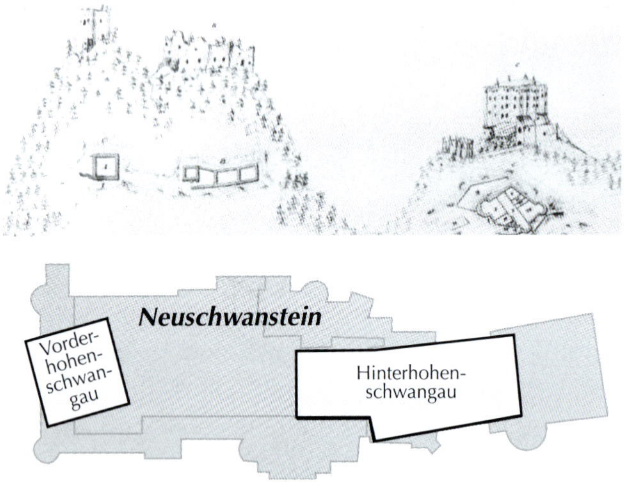

6. Skizze über die Lage der beiden Burgruinen

7. Grundsteinlegung zum Bau von Neuschwanstein im Jahr 1869

8. Entwurf zum Torbau, Christian Jank, 1869

Gleichzeitig mit dem Beginn der Arbeiten am Schloß wurde etwas unterhalb der Baustelle auch eine Kantine für die Arbeiter, es waren durchschnittlich etwa 200 Personen beschäftigt, eingerichtet. Diese Kantine wurde bald ein beliebtes Ausflugsziel für die einheimische Bevölkerung und für die vielen Neugierigen, die immer zahlreicher Hohenschwangau aufsuchten. Es entwickelte sich daraus die bekannte und heute noch bestehende modernisierte Schloßwirtschaft „Zur Neuen Burg" .

Der Bau erforderte natürlich ungeheure Mengen an Material. Allein im Jahr 1872 wurden zum Beispiel 9000 Zentner Zement und 184500 Liter Kalk verbraucht! Auch für das Jahr 1879/80 gibt es eine Statistik über die beim Bau benötigten Materalien:

9300 Zentner Salzburger Marmor
91000 Zentner Nürtinger Sandstein
400000 Ziegelsteine im Reichsformat
3600 cbm Sand
12000 Zentner Zement
1000 Zentner Steinkohle
2050 cbm Gerüsthölzer.

Aus diesen Zahlen geht deutlich hervor, welche wirtschaftliche Bedeutung die königliche Baumaßnahme nicht nur für die nähere Umgebung der Baustelle, sondern auch für ganz Bayern hatte.

9. Torbau 1873

Die großen Mengen Baumaterial wurden auf der neugebauten Straße an die Westseite des Palas gebracht, wo sie mittels eines Dampfmaschinenkrans hochgezogen wurden (Bild 12). Auf Loren brachte man die Bauteile zum jeweiligen Bestimmungsort. Durch Flaschenzüge in allen Größen wurden sie dann von den Arbeitern an die Stellen hochgezogen, an denen sie eingebaut werden mußten. Die Baumaschinen wurden damals schon durch den „Bayerischen Dampfkessel-Revisionsverein" (aus dem der heutige „T Ü V" entstanden ist), jährlich auf Sicherheit und Funktionsfähigkeit überprüft.

Revolutionär modern war damals auch eine soziale Einrichtung, die zu dieser Zeit sicherlich im ganzen Lande einmalig war. Am 3. April 1870 wurde der „Verein der Handwerker am königlichen Schloßbau zu Hohenschwangau" gegründet, der auch heute noch als „Privater Krankenunterstützungsverein" in Schwangau existiert. Der Zweck dieses Vereins war, bei einem geringen Beitrag von 70 Pfennig im Monat, unterstützt durch erhebliche Zuschüsse aus der Kasse des Königs, für erkrankte oder verletzte Bauarbeiter für längstens 15 Wochen eine etwa 65 prozentige Fortzahlung des Lohnes (wöchentlich 10,50 Mark) zu garantieren. Eine Gedenktafel im unteren Schloßhof erinnert an diese soziale Einrichtung.

1872 wurde Hofbaudirektor Riedel, der bis zu diesem Zeitpunkt den Bau leitete, durch den Hofarchitekten Baudirektor Georg von Dollmann abgelöst.
Die Fertigstellung des Rohbaues für den Palas nahm die Zeit bis Januar 1880 in Anspruch. Zu diesem Zeitpunkt konnte endlich der gewaltige Dachstuhl aufgesetzt werden. Ab 1881 wurde dann mit dem Innenausbau - zuerst des vierten Obergeschosses (dem Sängersaal) und dann des dritten Stockwerks (der Königswohnung) - begonnen.

10. Baustand 1874

11. Bausstand 1875

12. Baukran für die Baustelle Neuschwanstein

13. Baustand 1880

14. Baustand 1880

15. Baustand 1880

Die Ausstattung der Innenräume des Palas nach den Vorstellungen des Königs verschlang riesige Summen. Während bis etwa 1881 noch der Kosten-Voranschlag eingehalten werden konnte, mußte ab 1882 der Etat gewaltig überzogen werden, um dem vom König vorgegebenen Zeitplan gerecht zu werden. Neben den anderen Bauten, die Ludwig II. noch zu finanzieren hatte, verschlang die Baustelle Neuschwanstein in den letzten 3 Lebensjahren des Königs statt der vorgesehenen 600.000 Mark alleine eine Summe von 3,7 Millionen Mark. Die mit diesen Kostenüberschreitungen einhergehende Verschuldung des Monarchen war der auslösende Faktor, der zur sogenannten „Königstragödie" geführt hat. Um eine ungefähre Vorstellung von den Kosten des Schloßbaus aus heutiger Sicht zu bekommen, muß man natürlich die Löhne und Preise der damaligen Zeit kennen. Es verdienten damals im Monat: Ein Fabrikarbeiter 50 - 80 Mark, ein Maurer 60 - 100 Mark, ein Lehrer 90 - 120 Mark, ein mittlerer Beamter 80 -90 Mark und ein hoher Beamter (z. B. ein Regierungsdirektor) etwa 400 - 500 Mark. Diesem Lohn-Niveau entsprechend waren natürlich auch die Preise. Für 1 Mark erhielt man u. a. folgende Artikel: 1 kg Rind- oder Schweinefleisch, 1/2 kg Butter, 20 Eier, 20 kg Kartoffeln oder 6 kg Roggenbrot. Für eine 3-Zimmerwohnung in München mußten 30 - 50 Mark Monatsmiete bezahlt werden. Grob geschätzt kann man also sagen, daß 1 Mark zur Zeit des Schloßbaus etwa 15 - 30 Mark heutiger Währung entsprechen würde.

Insgesamt betrugen die Kosten für den Bau von Neuschwanstein 6.180.047 Mark, die aus der Privatschatulle des Königs, seinen Apanagen und dem Vermögen der Königsfamilie abgedeckt worden sind. Die immer wieder geäußerte Behauptung, Ludwig II. habe durch seine Schloßbauten den bayerischen Staat an den Rand des finanziellen Ruins getrieben, entsprechen in keiner Weise den Tatsachen! Dies ist ganz einfach eine Zwecklüge, die damals in die Welt gesetzt wurde, um das hochverräterische Vorgehen der Regierung Lutz gegen den König zu rechtfertigen.

Es ist verständlich, daß eine solche riesige Baumaßnahme Opfer forderte. Am 23.4.1875 hat sich der Bauführer Herold aus unbekannten Gründen an der Baustelle erschossen. Am 9.5.1878 erlitt der Zimmermann Straubinger beim Sturz vom Gerüst tödliche Verletzungen. Am 25.2.1880 glitt der Zimmermann Moritz Mayr beim Aufstellen des Dachstuhls aus und stürzte in den Tod. Am 20.7.1882 wurde der Steinmetz Klotz zerschmettert in der Schlucht aufgefunden - Unfallursache unbekannt. Am 25.6.1883 wurde der Steinmetz Wöhrle im Steinbruch Alterschrofen von herabstürzenden Felsen erschlagen (In diesem Steinbruch wurde der Kalkstein gebrochen, mit dem Neuschwanstein verkleidet ist).

Über 100 Jahre später forderte das Schloß noch ein Todesopfer: Der Füssener Dachdecker Hermann Loderer, der 18 Jahre mit Arbeiten auf dem Schloßdach beschäftigt war, stürzte kurz vor Vollendung der Neu-Eindeckung am 17.11.1987 vom Dach in die Schlucht. Die Ursache dieses Todessturzes konnte ebenfalls nie genau geklärt werden.

16. Baustand 1882

17. Baustand 1885

18. Baustand 1886

1884 wurde Baudirektor Georg von Dollmann durch den Architekten Julius Hofmann abgelöst, der auch den größten Teil der Innen-Ausstattung plante und durchführen ließ.

Beim Tod des Königs am 13.6.1886 blieb Neuschwanstein als Baustelle zurück (Bild 18). An einen Weiterbau und an eine Fertigstellung nach den Plänen des Königs war nicht mehr zu denken. So blieb auch die Innenausstattung des zweiten Obergeschosses unvollendet. Hier waren ein maurischer Saal und Gästezimmer vorgesehen (Bild 27).

Um jedoch zumindest eine teilweise architektonische Geschlossenheit des oberen Schloßhofes zu ereichen, wurde unter dem Architekten Julius Hofmann zwischen 1890 und 1892 die Kemenate nach den ursprünglichen Plänen, wenn auch unter Verzicht auf vorgesehene Schmuckformen und ohne den vom König eingeplanten Turm erstellt (Bild 23). Die bereits damals reichlich fließenden Einnahmen aus den Eintrittsgebühren ermöglichten der Königsfamilie diese Maßnahme. Das Kernstück der Anlage von Neuschwanstein, der mächtige 90 Meter hohe Bergfried mit der gotischen Schloßkapelle (Bilder 19, 20 und 21) im Erdgeschoß, wurde aber nicht mehr gebaut (Bilder 22, 24, und 25). Die gewaltige Masse des hohen Turms hätte mit Palas, Kemenate, Ritterbau und Torbau erst das vom König erstrebte architektonische Ensemble ergeben.

Bei der Einstellung der Bautätigkeit konnten folgende geplanten Arbeiten aus finanziellen Gründen nicht mehr ausgeführt werden:

Das Bad des Königs, das nach dem Vorbild des Ritterbades auf der Wartburg eingerichtet werden sollte. Vom König war dafür der südwestliche Teil des Palas vorgesehen,wo es sich direkt unter dem Thronsaal vom Erdgeschoß aus auch noch über das erste Stockwerk erstrecken sollte. Der Heizkessel für die Warmwasser-Aufbereitung war 1886 bereits angeliefert, er wurde aber nicht mehr eingebaut (Bild 28). Heutzutage befindet sich an dieser Stelle der Zugang zum Ausgangs-Tunnel. Von der Zugangstüre zum geplanten kleinen Park haben die Schloßbesucher einen herrlichen Ausblick auf das alte Schloß Hohenschwangau und die Seen.

19. Entwurf zur Burgkapelle, H. v. Pechmann, 1868

20. Entwurf zur Burgkapelle, Gg. Hauberrisser, 1870

21. Entwurf zur Burgkapelle, Peter Herwegen, 1870

22. Entwurf zum Bergfried, E. Riedl, 1871

23. Bau der Kemenate

24. Entwurf zum Bergfried, Christian Jank, 1869

Die Bastion an der Westseite des Palas mit Springbrunnen und Garten-Anlagen, die man vom Bad aus hätte betreten können (Bild 26).

Die Räume im zweiten Obergeschoß des Palas, die nach den Vorbildern von Anlagen in der Alhambra bei Granada in Spanien gestaltet werden sollten (Bild 27).

Auf die Inneneinrichtung der Kemenate wurde ganz verzichtet. Sie wurde erst nach dem zweiten Weltkrieg ausgebaut. Heute sind die Büroräume der Verwaltung und Wohnräume des Personals darin untergebracht (Bild 23).

Zusammenfassend sei nochmals erwähnt, daß der Schloßbau wohldurchdacht geplant war. Das Schloß wurde mit technischen Einrichtungen ausgestattet, die für die damalige Zeit sehr modern, ja geradezu bahnbrechend waren; zum Beispiel:

Fließendes Wasser in allen Stockwerken. Da die Brunnenstube, die das Schloß mit bestem Trinkwasser versorgt, 200 Meter höher liegt, reicht der natürliche Druck aus, um das ganze Schloß bis in die obersten Stockwerke ohne zusätzliche Pumpen zu versorgen. In jedem Stockwerk waren Toiletten eingebaut, die mit einer automatischen Spülung ausgestattet waren.

Eine zentrale Warmluftheizung, die für den gesamten Palas ausreichte.

Heißwasser-Aufbereitung für die Küche und das geplante Bad.

Zwei elektrische Rufanlagen, mit einer Trockenbatterie betrieben und mit optischen Anzeigen versehen. Eine für den Kammerdiener vom Dienst und eine für den persönlichen Adjutanten des Königs.

Zwei Telefonanschlüsse, jeweils im dritten und vierten Obergeschoß des Palas.

27. Entwurf für den maurischen Saal im 2. Obergeschoß

25. Entwurf zum Bergfried, Christian Jank, 1871

26. Entwurf zur Bastion, H. Pruckner, 1885

28. Entwurf zum Ritterbad, E. Riedl, 1870

"Man soll mir die idyllische Einsamkeit und die romantische Natur, deren malerische Schönheit im Winter noch ungleich größer ist als im Sommer, nicht durch Eisenbahnen und Fabriken stören. Auch für zahllose andere Menschen, als ich einer bin, wird eine Zeit kommen, in der sie sich nach einem Lande sehnen und zu einem Fleck Erde flüchten, wo die moderne Kultur, Technik, Habgier und Hetze noch eine friedliche Stätte weit weg vom Lärm, Gewühl, Rauch und Staub der Städte übriggelassen hat."

(Ludwig II. zu dem Eisenbahnplaner Anton Memminger)

29. Büste des Königs aus dem Jahr 1988 (Erzgießerei Braun, Oberschleißheim)

30.

Roter Gang

Die Führung durch das Schloß Neuschwanstein beginnt im ersten Stockwerk des Palas im sogenannten „Roten Gang". Die Bezeichnung ist auf die roten Mettlacher Tonplatten, mit denen der Gang ausgelegt worden ist, zurückzuführen.

Auf ausdrücklichen Wunsch des Königs sollte in seinem Schloß kein Bild von ihm vorhanden sein. Im Jahre 1988 stiftete der König-Ludwig-Klub München eine Bronze-Büste des Königs, die dann hier aufgestellt wurde (Bild 29). So kann jeder Schloßbesucher am Anfang der Führung den Hausherrn „begrüßen".

Als der König am 12.6.1886 durch eine Kommission aus München aus seinem Lieblingsschloß abgeholt wurde, sagte er hier zum Abschied zu seinem Diener Stich folgende ahnungsvollen Worte: „Sticherl, bewahren Sie mir die Räume! Lassen Sie sie nicht profanieren von den Neugierigen! Ich habe hier die bittersten Stunden meines Lebens erlebt - ich werde nie mehr hierher zurückkehren!"

Hier in diesem Stockwerk war die Dienerschaft untergebracht. Auf dem Weg zum Haupttreppenhaus kann man auf der linken Seite durch die geöffneten Fenster einige der fünf Dienerzimmer sehen, die noch vollständig eingerichtet sind. In jedem Raum waren zwei Diener untergebracht. Das Mobiliar besteht aus Eichenholz (Bild 32).

An den Seitenwänden entlang des Flurs sind knapp über dem Boden schwarze Gußeisen-Türchen angebracht. Das sind die Öffnungen für die Warmluft-Zentralheizung, die schon zu Lebzeiten des Königs das ganze Schloß erwärmen konnte. Auch in den Wohnräumen der Königswohnung, ausgenommen dem Schlafzimmer, sind solche Heizungsöffnungen vorhanden. Dort sind diese Klappen unauffällig in die Holzvertäfelungen eingepaßt.

Die Königstreppe, die am Ende des „Roten Ganges" beginnt, ist aus Untersberger Marmor angefertigt, der aus Salzburg stammt. Auch die dicke Mittelsäule besteht aus massivem Marmor. Die Wände des Treppenhauses sind mit stilisierten Drachen bemalt. Die Mittelsäule ist oben mit einem gemalten Fries, das Jagdtiere zeigt, geschmückt. Es läuft als endloses Band bis zum obersten Stockwerk.

31. Vorraum und "Roter Gang"

32. Blick in die Dienerzimmer

Vorraum zum 3. Obergeschoß

Über die Haupttreppe, die während seiner Anwesenheit im Schloß nur dem König vorbehalten war (für die Dienerschaft gab es zwei weitere kleine Treppenhäuser), erreicht man den Vorraum zum dritten Stockwerk des Palas (Bild 33).

Als erstes fällt hinter dem großen, im oberen Teil mit Glasmalereien versehenen Portal, ein herrlich gearbeitetes Kreuzrippen-Gewölbe ins Auge. An den Kreuzungspunkten der Gewölberippen sind die Wappen von Schwangau, Bayern und Wittelsbach als bemalte Steinplastiken dargestellt. In Marmor gearbeitete Tierdarstellungen verzieren die Bogenabschlüsse. Drei große Lüster aus Schmiedeeisen, mit Kerzen bestückt und verziert mit in Eisen geschmiedeten und bemalten Schwänen, erleuchteten die Vorhalle. Zwei Marmorportale führen links in die Königswohnung und rechts in den Thronsaal. Die Wandvertäfelungen und die Sitzbänke sind aus Eichenholz, teilweise mit reichen Schnitzereien verziert. Die Vorhalle ist trapezförmig angelegt. Da der riesige Dolomit-Monolith, auf dem der Palas errichtet wurde, in diesem Bereich eine Krümmung aufweist, war es notwendig, die Vorhallen in allen Stockwerken trapezförmig einzufügen. So konnte für die Wohn- und Repräsentationsräume die rechteckige Form erhalten bleiben.

Beachtenswert sind auch die Fenster. Da das Schloß im Stil einer mitteralterlichen Burg errichtet wurde, es im 12. Jahrhundert aber noch keine Glasfenster gab, sollten auf Wunsch des Königs offene Fensterbögen vorgetäuscht werden. Die Glasscheiben wurden daher in den Bögen und auch zwischen den Fenstersäulen direkt in den Stein eingelassen. Bei oberflächlicher Betrachtung wirken die Fenster tatsächlich wie unverglast.

Die ersten Fensterscheiben wurden in Europa erst im 13. Jahrhundert verwendet. Sie waren aber so teuer, daß sie sich fast niemand leisten konnte. Die Fensteröffnungen wurden damals bei Kälte mit Ölpapier und Brettern verschlossen. Erst ab dem 15. Jahrhundert wurde die Verwendung von Glas allgemein üblich.

Neben der Türe zum Haupttreppenhaus und an der Schluchtseite neben den Fenstern befindet sich jeweils eine Eichentüre mit herrlichen Beschlägen aus kunstgeschmiedetem Eisen. Dahinter sind die beiden für die Dienerschaft bestimmten Neben-Treppenhäuser.

33. Vorraum 3. Obergeschoß

Eine Vielzahl von Bildern schmückt diesen Vorraum. Die Wandgemälde wurden ähnlich der Fresko-Malweise auf eine geglättete Gipsschicht in Ölfarbe aufgetragen. Der Münchner Professor Wilhelm Hauschild illustrierte Szenen aus der Sigurd-Sage, einer in der Edda aufgezeichneten älteren Form des Nibelungenliedes, das Richard Wagner als Vorbild für seinen „Ring der Nibelungen" gedient hat.

Hier nun eine Kurzfassung der Sigurdsage:
Die Asen hatten sich von Riesen die Götterburg „Walhall" bauen lassen und sie mit einem riesigen Schatz entlohnt, den der Feuergott Loki auf unrechte Weise von Alberich, dem Herrn der Nebelwelt (Niflungen, Nibelungen) in seinen Besitz gebracht hatte. Alberich verflucht daraufhin diesen „Nibelungenhort" - er soll allen künftigen Besitzern Unheil bringen. Das alte Oberhaupt der Riesen, Hreidmar, wird von seinem Sohn Fafnir wegen dieses Schatzes erschlagen und Regin, sein zweiter Sohn, von seinem Bruder vertrieben. Fafnir verwandelt sich in einen Drachen, der eiferfüchtig den Hort bewacht. Regin hat aber den Wunsch, diesen Schatz in seinen Besitz zu bringen, nicht aufgegeben und läßt sich in der Nähe der Drachenhöhle Fafnirs als Schmied nieder. - Der junge Sigurd lernt auf einer seiner Fahrten bei dem Fürsten Geitir seinen Onkel Gripir kennen, der dem Neffen dessen weiteres Lebensschicksal weissagt (Bild 35).

34. Rechts: Sigurd's Ritt durch die wabernde Lohe: *"Auf dem Hochland schläft die Herrschertochter, hell im Harnisch..."*
Links über dem Fenster: Gudrun reicht Sigurd den Becher mit dem Trank des Vergessens.

35. Gripir: *"Allein erschlägst Du den schillernden Wurm..."*

36. Gudrun wartet auf Sigurd: *"Wo habt Ihr Sigurd, den Heldenfürsten..."*

37. Brynhild verspottet Gunnar: *"Da lachte Brynhild, Budli's Tochter, hell noch einmal aus Herzensgrund..."*

Auf seinen weiteren Wanderungen trifft Sigurd auf Regin, bei dem er das Schmiedehandwerk erlernt. Zusammen schmieden sie das kunstvolle Schwert „Gram" (Bild 33).

Regin übergibt diese unbesiegbare Waffe dem jungen Sigurd, dem er von dem Riesenschatz des Fafnirs erzählt. Sigurd tötet den Drachen und badet sich in dessen fließendem Blut (Bild 38).
Durch dieses Bad im Drachenblut wird er am ganzen Körper unverwundbar bis auf eine ganz kleine Stelle am Rücken, die mit dem Drachenblut nicht in Berührung kam. Dieses Bad ermöglichte es Sigurd plötzlich auch, den Gesang der Vögel zu verstehen. Sie warnen ihn vor Regin, der den siegreichen Helden nach bestandenem Kampf mit Gift ermorden wolle. Sigurd erschlägt daraufhin auch den hinterlistigen Regin und ist nun so in den Alleinbesitz des fluchbeladenen Schatzes gekommen. Sigurd versteckt den Schatz und zieht in die Welt. Inmitten der „wabernden Lohe" findet Sigurd die von Odin in einen Zauberschlaf versenkte Brynhild. Nur ein furchtloser Held kann das Flammenmeer durchreiten und Brynhild erlösen.
(Bild 34 rechts).

Nach einem Treueschwur verläßt Sigurd Brynhild und er kommt weiterreitend zu dem Frankenkönig Gjuki, mit dessen Söhnen Gunnar und Högni er Blutsbrüderschaft schließt. Gunnars Schwester Gudrun reicht Sigurd einen Zaubertrank, durch dessen Wirkung er Brynhild vergißt und deshalb Gudrun zur Frau nimmt (Bild 34 links).

Gunnar will nun Brynhild als Weib gewinnen und erreicht dies auch mit Sigurds Hilfe. Für den vermeintlichen Treuebruch Sigurds verlangt Brynhilde Sühne für die ihr angetane Schmach. Guttorm, der jüngste Bruder Gunnars, tötet auf ihr Geheiß hin Sigurd bei der Rast an einer Quelle (Bild 39).

Mit bangen Ahnungen wartet Gudrun auf die Rückkehr ihres Gatten von dem Jagdausflug (Bild 36).

Nach dem verübten Verbrechen an dem Blutsbruder verspottet Brynhild ihren Mann Gunnar und zeigt ihm, daß sie ihn nie geliebt hat. Ihre Liebe galt immer nur Sigurd (Bild 37).

Während Gudrun noch an der Leiche Sigurds ihr Leid klagt (Bild 40), wird schon der Scheiterhaufen aufgeschichtet, auf dem der Held verbrannt werden soll. Am aufgeschichteten Holzstoß ersticht sich Brynhild und wird zusammen mit Sigurd vereint verbrannt (Bild 40).

38. Der Drache: *"Regin verriet mich, er verät auch Dich!"*

39. Sigurd's Tod: *"Erschlagen ward Sigurd südlich vom Rhein".*

40. Neben der Tür rechts: Gudrun's Totenklage: *"Keine Träne kannte Gudrun, sie war so zergrämt um des Gatten Tod..."*
Links: Brynhild wird zusammen mit Sigurd eingeäschert.

Der Thronsaal

Der prächtigste und eindrucksvollste Raum im Schloß Neuschwanstein ist zweifellos der sakral wirkende Thronsaal (Bild 41). Leider ist er unvollendet geblieben, denn der wichtigste Gegenstand in diesem Raum, der Thron, fehlt. Mit dem frühen Tod des Königs wurden von seiner Familie alle bereits vergebenen Aufträge storniert und so wurde auch der Thron nicht mehr angefertigt. Entwürfe zeigen, wie prachtvoll sich der König den Thron vorgestellt hatte (Bilder 42 und 43).

In diesem Thornsaal wollte Ludwig II. das Königtum von Gottes Gnaden verherrlichen. Wie der Altar in einer byzanthinischen Kirche sollte der Thron über den Marmorstufen in der Apsis seinen Platz finden. Keine andere Tatsache als der fehlende Thron kann besser auf das Dilemma hinweisen, das durch die übersteigerte Idee Ludwigs II. von dem unantastbaren Heiligtum der Königsidee und den politischen Tatsachen der damaligen Zeit hervorgerufen worden ist.
Die Bilder im Thronsaal wurden von Prof. Wilhelm Hauschild gemalt. In der Apsis sind über dem für den Thron vorgesehenen Platz zwischen den Palmen sechs

41.

heiliggesprochene Könige dargestellt (Bild 41). Von links nach rechts sind dies: Kasimir von Polen, Stephan von Ungarn, Heinrich II. von Deutschland, Ludwig IX. von Frankreich, Ferdinand von Spanien und Eduard von England .

Eine ähnliche Bildanordnung findet man auch in der Altar-Apsis der im Krieg leider zerstörten Allerheiligenhofkirche, in der Karlskirche in München und auch im Straßburger Münster. Diese Kirchen dürften Ludwig II. zu dieser Ausstattung des Thronsaales angeregt haben.

Die Apsis wird gekrönt von Chirstus, der auf einem Regenbogen sitzt, ihm zur Seite Maria, Johannes und anbetende Engel (Bild 41).

Links und rechts neben der Treppe sind die zwölf Apostel als Träger der göttlichen Gesetze dargestellt (Bild 44).

Die anderen Wandgemälde illustrieren Ausschnitte aus dem Leben der in der Apsis abgebildeten heiliggesprochenen Könige. In den die Kuppel tragenden Schildbögen sind die vorchristlichen Gesetzgeber abgebildet.

Die Bilder im Einzelnen:

Im obersten Bogen über der Eingangswand „Der römische Kaiser Augustus“, der das <Lex Romana>, das römische Recht, symbolisiert. Links neben ihm Zarathustra (Zoroaster), rechts Solon (Bild 46).

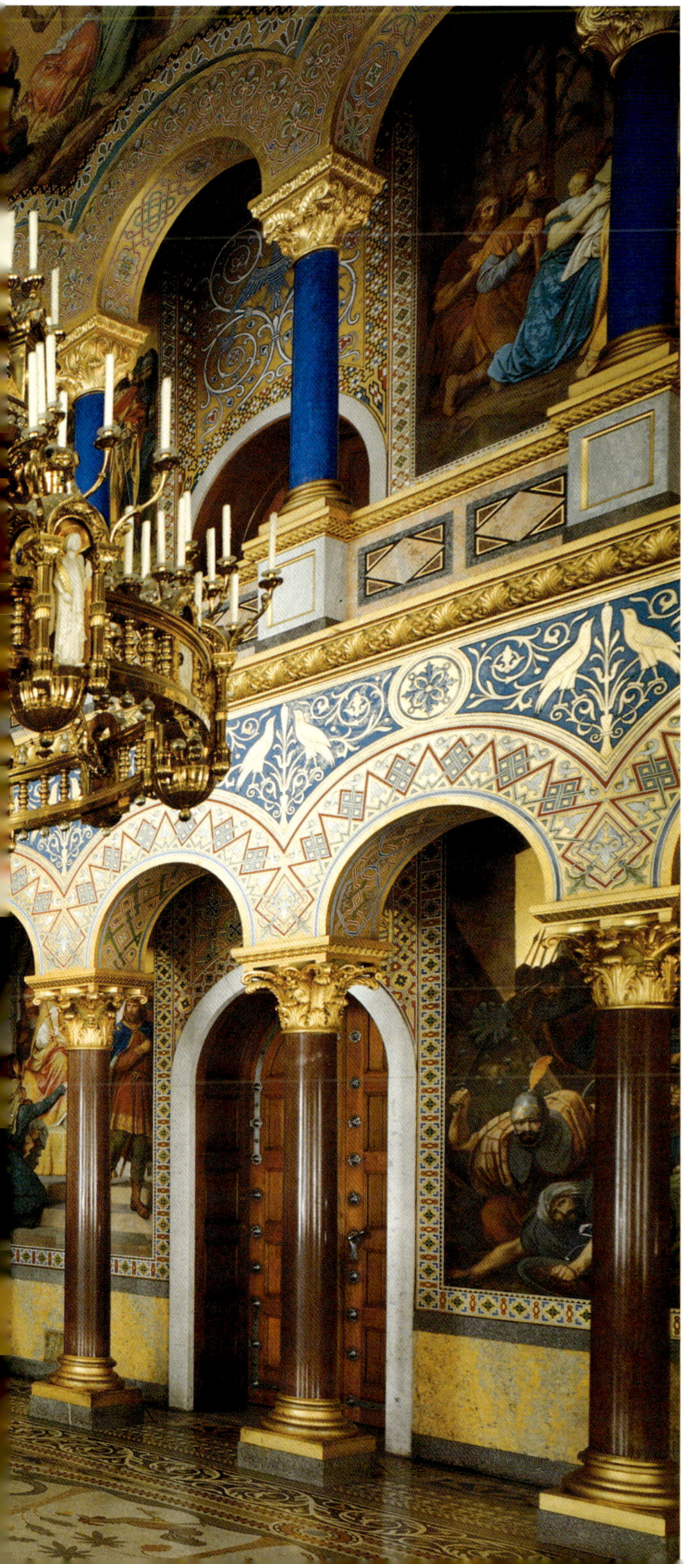

42. Entwurf für einen Thron, Ed. Ille, 1876

43. Entwurf für einen Thron, Gg. v. Dollmann, 1879

44. Die zwölf Apostel

45. Das alte Testament

< 41. Der Thronsaal mit Thron-Apsis

46. Das römische Recht

47. Luzifers Höllensturz

48. St. Georg's Kampf mit dem Drachen

An der Wand gegenüber an der Balkonseite Moses mit den Gesetzestafeln, also das Alte Testament (Bild 45). Der Apsis gegenüber ist im obersten Bogenfeld der Stern der Weisen mit den heiligen drei Königen als Symbol der christlichen Moralgesetze des Neuen Testamentes dargestellt (Bild 55). Darunter der Sieg des Erzengels Michael über Luzifer und dessen Höllensturz (Bild 47). Unter diesem Bild ist ein besonders erwähnenswertes Gemälde zu sehen: Der Kampf des heiligen Georg gegen den das Böse verkörpernden Drachen (Bild 48). Auf einer Bergspitze links im Bild ist ein Schloß skizziert, das eine Ähnlichkeit mit Schloß Neuschwanstein aufweist. Es ist das von König Ludwig II. geplante vierte Schloß, das auf dem Falkenstein bei Pfronten anstelle der dortigen Burgruine errichtet werden sollte. Die Planungen hierfür waren nahezu abgeschlossen, Straße und Wasserleitung zur geplanten Baustelle waren fertiggestellt. Der überraschende Tod des Königs führte auch hier zur Einstellung aller weiteren Arbeiten.
Links neben der Eingangstüre: König Eduard der Bekenner von England als gerechter Richter (Bild 52). Rechts neben der Eingangstüre: König Ferdinand der Katholische von Spanien kämpft gegen die Mauren um die Befreiung Spaniens (Bild 49). Darüber links: König Stephan von Ungarn bekehrt die Magyaren zum Christentum.
Rechts daneben: Der deutsche Kaiser Heinrich II. beim Bau des Bamberger Domes.
Auf der gegenüberliegenden Seite, links neben der Türe zum Söller: Die heilige Elisabeth übt Werke der Barmherzigkeit aus (Bild 51). Rechts daneben: Die heiliggesprochene Königin Klothilde von Frankreich bekehrt ihren Gatten zum Christentum (Bild 53).
Rechts der Türe: König Kasimir von Polen im Gebet versunken (Bild 50). Direkt darüber: König Ludwig IX. von Frankreich speist die Armen (Bild 54).
Eine besonders schöne Arbeit ist der Mosaikfußboden (von der Firma Detoma, Wien, nach einem Entwurf von A. Spenger) des über 15 Meter hohen und 20 Meter langen Thronsaals. Das Mosaik zeigt den Erdenkreis mit seinen Tieren und Pflanzen (Bild 55).

49. König Ferdinand der Katholische von Spanien

50.Kasimir von Polen im Gebet

51. Die heilige Elisabeth

52. Eduard der Bekenner

53. Klothilde von Frankreich bekehrt ihren Gatten

54. Ludwig IX. von Frankreich speist die Armen

Die Kuppel symbolisiert den Himmel mit der Sonne und den Sternen. Der Kronleuchter hat die Form einer byzanthinischen Krone. Er ist aus vergoldetem Messing hergestellt, mit böhmischen Buntglas-Steinen und Elfenbein-Imitationen besetzt und trägt 96 Kerzen. Durch die Form einer Krone symbolisiert er den König als den Mittler zwischen Himmel und Erde. Der Kronleuchter, mit dem stattlichen Gewicht von fast 900 kg, ist an einer gegliederten Eisenkette befestigt, die mit einer Winde, die sich über dem Thronsaal auf dem Dachboden befindet, bewegt werden kann. So ist es möglich, den Leuchter zum Reinigen und zum Auswechseln der Kerzen bis zum Boden herunterzulassen. Der König selbst hat diesen Kronleuchter nie gesehen, er wurde erst nach seinem Tod fertiggestellt und 1904 im Thronsaal aufgehängt. Die Säulen im unteren Teil des Thronsaales sind aus Stuck-Porphyr, die im oberen Teil aus Stuck-Lapislazuli gefertigt.
Beim Verlassen des Raumes sieht man beiderseits der Türe, knapp über dem Fußboden, die Klappen der zentralen Warmluftheizung. Vom Erdgeschoß aus konnte mittels fünf großer Heizanlagen der ganze Königsbau (Palas) temperiert werden. In den Räumen der Königswohnung sind aber zusätzlich noch Kachelöfen eingebaut.

Der Blick vom Söller

Vom Söller des Thronsaals aus (für Besucher nicht zugänglich) hat der Betrachter einen herrlichen Rundblick auf eine der schönsten und reizvollsten Landschaften Bayerns. Links der klare Alpsee und rechts der kleine Schwansee. Dazwischen die uralte Burganlage Hohenschwangau (früher Schwanstein) (Bild 56). In seiner heutigen Form wurde dieses Schloß in den Jahren 1832 bis 1838 im Auftrag des damaligen Kronprinzen und späteren Königs Max II. durch die Gebrüder Quaglio wiederaufgebaut. Dort hat Ludwig II. den größten Teil seiner Jugend zugebracht.
Hinter den beiden Seen sind die Berge der Tiroler Alpen (Tannheimer Gruppe) zu sehen. Die Grenze zwischen Deutschland und Österreich verläuft auf dem bewaldeten Hügel hinter dem Alpsee.
Zwischen dem Schloß Hohenschwangau und dem Alpsee befindet sich die ehemalige „via claudia", die, von den Römern gebaut, von Augsburg nach Rom führte und im Mittelalter eine sehr wichtige Handelsstraße war. Sie führt von hier über Reutte in Tirol und den Fernpaß nach Italien. Kurz vor dem rechten Ufer des Schwansees kann man die beiden Steinbrüche in Schwangau-Alterschrofen erkennen. Mit dem dort gebrochenen Kalkstein wurden die Außenmauern des Schlosses Neuschwanstein verkleidet.

Vom Thronsaal aus erreicht man nach Überquerung des Vorraums ein Dienerzimmer. Hier mußte ständig ein Kammerdiener durch die über der Sitzbank befindliche elektrische Rufanlage für den König erreichbar sein. Die Sitzmöbel sind mit Schweinsleder bezogen.

56.

Das Speisezimmer

Im Speisezimmer (Bild 57) dominiert der wuchtige Tafelaufsatz, angefertigt von der Münchner Werkstätte Wollenweber aus vergoldeter Bronze nach einem Entwurf von Widemann (Bild 66). Dargestellt ist Siegfried im Kampf mit dem Drachen, also der Kampf zwischen Gut und Böse - ein Motiv, das im Schloß mehrfach zu finden ist (Drachenkampf im Vorraum zum 3. Obergeschoß und St. Georgs Sieg über den Drachen im Thronsaal). Der Sockel besteht aus poliertem Carrara-Marmor. Links und rechts neben dem Speisetisch stehen zwei reichgeschnitzte Besteckschränkchen. Beachtenswert auch in diesem Raum die Wandvertäfelungen mit künstlerisch sehr wertvollen Eichenholzschnitzereien. Vorhänge und Bezüge sind aus weinroter Seide mit prachtvollen Stickereien und Applikationen (wie alle Stoffarbeiten in der Wohnung des Königs wurden diese aufwendigen Arbeiten im Institut Jörres in München angefertigt). Der schwere Kerzenlüster besteht ebenfalls aus vergoldetem Messing, bestückt mit böhmischen Buntglassteinen (auch aus der Werkstätte Wollenweber). Ein Ofen im maurischen Stil diente als Zusatzheizung zur damals schon eingebauten Warmluftzentralheizung, deren Öffnungen für die

57.

Warmluftzufuhr in allen Räumen unauffällig, durch die Wandvertäfelungen verdeckt, eingebaut sind. Auf Schloß Neuschwanstein gibt es kein sog. „Tischleindeckdich" wie in den Schlössern Linderhof und Herrenchiemsee. Aus technischen Gründen war ein solcher Einbau hier nicht möglich, weil die Schloßküche drei Stockwerke tiefer liegt. Es war ein handbetriebener Speiseaufzug vorhanden, der zu sämtlichen Stockwerken des Palas führte.

Vom Fenster des Speisezimmers aus hat man einen schönen Ausblick auf die wildromantische Pöllatschlucht mit

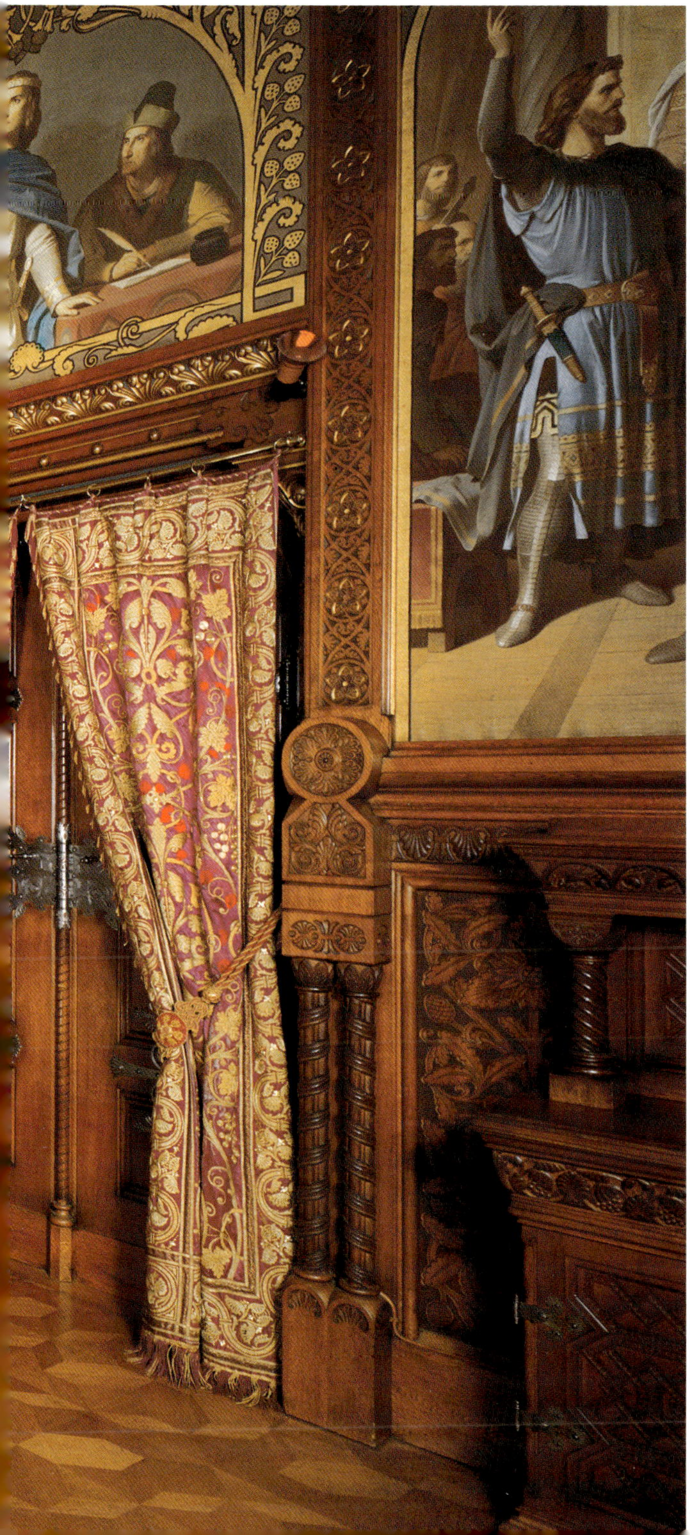

58. Heinrich von Veldecke erhält die Gedichte zurück

59.Klingsor am Hof zu Eisenach: *"Nun kaufet, hier ist feil ein seltsam Ungeheuer, das noch mit Augen niemand sah und nimmer sehen wird..."*

60. Landgraf Hermann und Wolfram von Eschenbach

61. Vortrag von fahrenden Sängern

62. Der Landgraf bewirtet die Sänger

64. Klingsor's Zauberflug

63. Reiner von Zweter

65. Sängerstreit auf der Wartburg

dem 45 Meter hohen Wasserfall. Über diesen tobenden Gebirgsbach spannt sich in 91 Meter Höhe in einem kühnen Bogen eine Brücke, die nach der Mutter des Königs „Marienbrücke“ genannt wird (Bild 83). Der Weg über diesen Steg führt auf einem Serpentinenpfad hinauf zum Tegelberg. Diese Brücke wurde im Jahre 1866 anstelle eines alten Holzsteges, den Max II. 1835 errichten ließ, von der Firma Gerber, aus der später die heute noch weltbekannte Firma MAN hervorgegangen ist, als Brücke Nr.146 gebaut.

Über den drei Türen sind deutsche Minnesänger abgebildet:
Über der Türe zum Dienerzimmer Gottfried von Straßburg, der Dichter der mittelhochdeutschen Version des Liedes „Tristan und Isolde“ (Bild 57).
Über der Türe mit den roten Vorhängen Wolfram von Eschenbach, der einem Schreiber ein Gedicht diktiert (Bild 57).
Über der Türe zum Schlafzimmer der Minnesänger Reinmar von Zweter (Bild 63).

Die Gemälde im Speisezimmer zeigen Ausschnitte aus dem Leben auf der Wartburg zur Zeit des sagenhaften Sängerkrieges, der 1207 dort stattgefunden haben soll. Der bekannte Münchner Maler Prof. Ferdinand Piloty hat diese Bilder angefertigt.
Im einzelnen sind folgende Darstellungen zu sehen:

Heinrich von Veldecke erhält durch Vermittlung des Landgrafen Hermann seine ihm einst gestohlene Handschrift der Dichtung„Eneis“ wieder zurückerstattet (Bild 58).

Die Ankunft des Zauberers Klingsor, der Schiedsrichter beim Sängerwettstreit sein soll, vor dem Landgrafen. Der Magier sprach: *„Nun kaufet, hier ist feil ein seltsam Ungeheur, das noch mit Augen niemand sah und nimmer sehen wird“* (Bild 59).

Heinrich von Ofterdingens Streit mit Wolfram von Eschenbach im Sängersaal der Wartburg, welchem Landesherrn das höhere Lob auszusprechen sei: Dem Landgrafen Hermann von Thüringen oder dem Herzog Leopold von Ungarn. (Bild 65).

Der Zauberflug Klingsors mit Heinrich von Ofterdingen zur Wartburg. Erst am Abend vor dem Fest beschied Klingsor Heinrich zu sich, um diesen während der Nacht mit Hilfe der schwarzen Kunst im Fluge von Ungarn nach Eisenach zu trage. (Bild 64).

Der Landgraf beauftragt Wolfram von Eschenbach, das Gedicht "Willehalm“ zu übersetzen (Bild 60).

Vortrag von fahrenden Sängern vor der Wartburg am Hofe des Landgrafen von Thüringen (Bild 61).

Landgraf Hermann beschenkt fahrende Sänger mit Preisen und bewirtet sie auf das beste (Bild 62).

66. Der Tafelaufsatz

Das Schlafzimmer

Ludwig II. besaß eine große Vorliebe für prunkvolle Schlafzimmer (Bild 67). Es ist im spätgotischen Stil gestaltet. In diesem Raum befinden sich die reichhaltigsten Schnitzereien aus Eichenholz, vor allem am Baldachin des Bettes , am Waschtisch, am Lesestuhl und an der Mittelsäule (angefertigt von Pössenbacher und Ehrengut, München) .

Links neben dem Waschtisch die allegorische Darstellung der „Minne" (Liebe) und rechts davon der„Triuwe"(Treue). Das Bett ist sehr groß, denn König Ludwig II. hatte die stattliche Körpergröße von 1.91 Metern.

Am Kopfende des Bettes ist die Nachbildung einer Ikone angebracht, von J. Frank auf eine vergoldete Kupferplatte gemalt (Bild 68).
Am Fußende des Bettes zeigt das geschnitzte Halbrelief die Auferstehung Christi, bezugnehmend auf das symbolische Verhältnis von Schlaf und Tod (Bild 67 und 69).

Die Vorhänge und Möbelbezüge (hergestellt bei Jörres in München) sind in der Lieblingsfarbe Ludwigs, in königsblau, gehalten. Als Motiv für die aufwendigen Stickereien und Applikationen wurden der Schwan, das bayerische Rautenwappen und der Wittelsbacher Löwe gewählt. Zu Zeiten des Königs hingen an allen Fensten und vor

67.

allen Türen solche schwere Vorhänge. Im Interesse des Führungsbetriebes mußten die meisten aber abgenommen werden.

Der Waschtisch ist mit fließendem Wasser ausgestattet. Wenn man den Knopf rechts unter der Waschtischplatte drehte, spendete der versilberte Schwan das Wasser. Die Waschschüssel konnte durch einfaches Kippen in die Kanalisation entleert werden (Bild 67 und 70). Links neben dem Waschtisch ist eine Geheimtüre in die Wandvertäfelung integriert. Sie führt zur Toilette des Königs (Besuchern nicht zugänglich). Rechts neben der Türe zum Speisezimmer ein Wäscheschrank.

68. Madonna von J. Frank

69. Schnitzerei am Bett *"Die Auferstehung Christi".*

70. Der Waschtisch

Rechts neben dem Lesestuhl ein großer Kachelofen im gotischen Stil, geschmückt von zwei Tonfiguren, Tristan mit seinem treuen Schwert und Isolde Blondhaar mit einer Rose (Bild 71).

Links neben dem Lesestuhl eine Türe, die zu einem kleinen Balkon führt, von dem man einen schönen Blick zur Pöllatschlucht und zum Wasserfall hat. Links daran anschließend in einem Erker eine gemütliche Sitzecke. In den Buntglasfenstern sind die Wappen von Schwangau, Wittelsbach und Bayern abgebildet (Bild 73).
Über der Türe zum Speisezimmer befinden sich drei Nischen mit den aus Eichenholz geschnitzten Figuren von Tristan, Isolde und König Marke (Bild 72). Im Bogenfeld über der Türe ist in einem Gemälde eine Dame in der Tracht des 15. Jahrhunderts dargestellt. Sie hält in ihren Händen ein Buch mit der „Tristan"-Sage. Im Bildhintergrund ein Schriftband mit dem ersten Vers aus diesem Gedicht, der in unsere heutige Sprache übersetzt etwa so lauten würde: *„Uns wird noch heute von einer Liebe erzählt, von süßer und immer neuer Liebe, von ihrer innigen Treue und ihrem Leid, ihrer Wonne, ihrer Not"* (Bild 72).
Eine freistehende, gotische Holzsäule in der Mitte des Raumes stützt die schwere Eichenholzdecke. Im Kapitell dieses Pfeilers sitzen in den Spitzbögen vier Minnesänger, ebenfalls aus Eichenholz geschnitzt.

Hier in diesem Raum wurde dem König am 12. Juni 1886 durch eine Kommission aus München eröffnet, daß er aufgrund eines ärztlichen Gutachtens für geisteskrank erklärt und entmündigt worden sei. Er wurde noch am gleichen Tag nach Schloß Berg am Starnberger-See verbracht, wo er bereits am nächsten Tag auf bis heute ungeklärte Weise ums Leben kam.

71. Lesestuhl und Kachelofen im Schlafzimmer

72. Schnitzereien über der Türe und Bild: Dame des Mittelalters mit Buch

73. Der Erker des Schlafzimmers

Die Wandgemälde zeigen Szenen aus der Sage „Tristan und Isolde", deren musikalische Darstellung Richard Wagner in einem seiner Werke verewigte. Hier eine Zusammenfassung dieser sehr umfangreichen Sage:

In der Waldeinsamkeit, verzweifelt, von Ihrem Gatten verlassen, entbindet Elisabeth, Königin von Leonois, einen Knaben. Bei der Geburt stirbt sie. Den traurigen Umständen seiner Geburt entspricht der Name des Kindes: Tristan. Sein Vater, König Meliadus, der Schwager des Königs Marke von Cornwall, nimmt das Kind auf und läßt es an seinem Hofe erziehen.

Als Tristan erwachsen ist, zieht er mit seinem Freund Kurwenal in die Welt hinaus und erlebt viele Abenteuer. Schließlich kommen sie nach Cornwall, wo König Marke seinen Neffen erkennt und ihn väterlich aufnimmt. Im Auftrag seines königlichen Gönners reist Tristan zusammen mit Kurwenal nach Irland, um dort für seinen König um die Hand von Isolde Blondhaar anzuhalten. Tristan kennt Isolde schon von früher her, als sie ihn mit ihren magischen Heiltränken von einer schweren Verletzung geheilt hatte. Tristan leistet dem irischen König Hanguin einige sehr gute Dienste und so hat er auch mit seiner Werbung Erfolg und kann die schöne Isolde als Braut zu König Marke heimführen. Während der Überfahrt mit dem Schiff herrscht eine lange Windstille, so daß das Fahrzeug hilflos im Meer liegt. Die beiden Reisenden leiden großen Durst, deshalb will Brangäne, die Vertraute Isoldes, den beiden eine Erfrischung reichen. Infolge eines verhängnisvollen Irrtums kredenzt sie ihnen den Liebestrank, der für den alternden König Marke bestimmt war (Bild 74).

***74. Die Überreichung des Liebestranks:** "Und beide wähnten, es sei Wein..."*

Tristan und Isolde fallen sich leidenschaftlich verliebt in die Arme. Nach der Ankunft in Cornwall wird die Hochzeit zwischen Isolde und König Marke gefeiert, doch Tristan trifft sich immer wieder heimlich im Garten mit Isolde (Bild 77). Am Hof wird über das Verhältnis zwischen Tristan und der Gattin des Königs getuschelt. Der mißtrauisch gewordene Marke überrascht das Liebespaar im Garten (Bild 75). Tristan wird von Marke zum Tod durch Verbrennen verurteilt, doch mit Hilfe von Kurwenal gelingt Tristan die Flucht.

Geächtet und krank hat Tristan in der Bretagne bei König Hoel und dessen Tochter Isolde Weißhand Zuflucht gefunden. Mit Zauberkräutern gibt die Königstochter dem Helden seine Gesundheit zurück. Als Dank für geleistete Heldentaten gibt König Hoel dem Tristan seine Tochter zur Frau. Tristan teilt aber das Bett mit der ihm Angetrauten nicht. Er verläßt sein Weib und findet Aufnahme an der Tafelrunde des Königs Artus.

Nach vielen Abenteuern gelingt es Tristan, seinem Onkel Marke einen großen Dienst zu erweisen und dieser nimmt ihn wieder bei sich am Hofe auf. Eifersüchtige Höflinge hetzen aber bei dem König gegen seinen Neffen und hinterbringen ihm, daß sich Isolde immer noch heimlich mit Tristan treffe und beide ihren Herrn somit hintergehen. Im Zorn schleicht Marke in das Gemach, in dem Tristan seiner Geliebten gerade eine Ballade vorsingt und stößt dem Sänger tückisch eine vergiftete Lanze in die Seite. Tristan läßt sich schwerverletzt auf die Burg von Isolde Weißhand, seiner Frau bringen, damit ihn diese mit ihren Zauberkräften heilen kann. Die eifersüchtige Gattin verweigert ihm aber die Hilfe. Da erhält Tristan die Nachricht, daß ihm König Marke verziehen habe und mit Isolde Blondhaar auf dem Weg zu ihm sei. Immer schwächer werdend erwartet der Sterbende sehnsuchtsvoll Isolde. (Bild 76)

Endlich landen mit dem Schiff Isolde, Marke und Kurwenal bei der Burg Tristans . Mit geheucheltem Mitleid bittet Marke seinen Neffen um Verzeihung. Tristan lehnt diese Bitte ab und stirbt. An seinem Totenbett bricht Isolde Blondhaar zusammen und gibt ihren Geist auf (Bild 78). So sind die beiden Liebenden wenigstens im Tod endlich vereint.

75. König Mark überrascht Tristan und Isolde

76. Tristan auf dem Krankenlager

77. Tristan mit Isolde im Garten zu Cornwall: *"So kam er und sein Lieb Isolde zum Brunnen in des Ölbaum's Schatten..."*

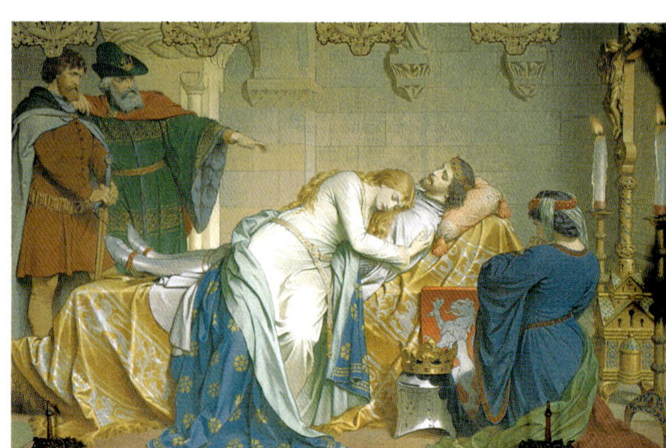

78. Isolden's Liebestod: *"Sie hielt ihn fest im Arm umfangen und küßt ihm zärtlich Mund und Wangen. Da ward es Nacht in Ihrem Sinn und ohne Klage schwand sie hin..."*

Die Hauskapelle

König Ludwig II., der tiefreligiös eingestellt war, legte in seinen Schlössern Wert darauf, in der Nähe des Schlafzimmers einen kleinen Betraum zu haben. Für Neuschwanstein wurde dieses Oratorium im Jahr 1880 vom Architekten Julius Hofmann entworfen (Bild 81). Zwei Türen führen in die Kapelle, eine vom Schlafzimmer und die andere vom Ankleidezimmer. Der kleine Raum ist mit einem Spitzbogengewölbe gotisch gestaltet, in den Deckenfeldern leuchten goldene Sterne auf königsblauem Grund. Das Altarbild zeigt den Namenspatron des Hausherrn, den heiliggesprochenen König Ludwig IX. von Frankreich. Er wird in den beiden Altarflügeln von zwei Engeln flankiert. Die Rückseiten der Altarflügel sind mit geschnitzten Reben und Weinlaub reich verziert. Unter den kleinen Kapitellchen links und rechts vom Altar ebenfalls in Eichenholz geschnitzte Engelsbüsten.

Die Gemälde (von W. Hauschild) zeigen Szenen aus dem Leben Ludwigs IX. von Frankreich:

Links vom Altar: Ludwig der Heilige erhält von einem Bischof die Kreuzzugs-Fahne (Bild 79).

Über der Türe zum Schlafzimmer: Der Tod Ludwigs IX. während eines Kreuzzuges.

Die Glasmalereien im Fenster (von F. Mayer, München): Der heilige Ludwig empfängt die Sterbesakramente (Bild 81).

Auf dem Altartisch, umrahmt von zwei Kerzenleuchtern, steht ein aus Ebenholz geschnitztes Kreuz. Der Corpus Christi ist aus einem Stück Elfenbein geschnitzt, nur die Arme sind angesetzt (A. Dießl, München 1883) (Bild 80).

79. Der heilige Ludwig erhält die Kreuzzugsfahne

80. Elfenbein Kruzifix

< 81.Die Hauskapelle

Im Winter wirkt Neuschwanstein wie ein richtiges Märchenschloß (Bild 82).

Von der Bleckenau-Straße hat man einen besonders schönen Blick, unter der Marienbrücke hindurch, zum Schloß (Bild 83).

82. Westfassade des Palas

83. Marienbrücke und Schloß

84.

Wie ein ungefaßter Edelstein, eingebettet in die herrliche Natur, steht das Schloß Neuschwanstein auf dem Fels und grüßt weit hinaus in das Land (Bild 84 und 85).

König Ludwig II. legte großen Wert auf die Harmonie zwischen Landschaft und Bauwerk.

85.

Das Ankleidezimmer

Das Ankleidezimmer ist der einzige Raum in der gesamten Königswohnung, der keine Holzdecke aufweist (Bild 86). Das Deckengemälde zeigt eine offene Gartenlaube. Die Gemälde in diesem Raum wurden von Eduard Ille, einem Schüler des Moritz von Schwind, angefertigt. Dargestellt sind Szenen aus dem Leben des Minnesängers Walther von der Vogelweide (1170 - 1230) und der Meistersinger von Nürnberg. Der große Waschtisch mit reichen Schnitzereien aus Eichenholz trägt eine schwarze Marmorplatte. Auf ihr stand früher ein sehr aufwendig gearbeitetes Wasch-Service von der bekannten Firma Villeroy und Boch aus Mettlach im Saarland (Bild 86). Dieses Service wurde anläßlich der Wiedereröffnung des König-Ludwig-II.-Museums im Schloß Herrenchiemsee dorthin gebracht. Auf Schloß Neuschwanstein ist nun eine einfachere Ausführung zu sehen, die für die Räumlichkeiten im zweiten Obergeschoß des Torbaus bestimmt war. Gegenüber des Waschtisches ein Kachelofen. Möbel und Wandvertäfelungen aus geschnitztem Eichenholz (von Pössenbacher und Ehrengut, München). Vorhänge und Möbelbezugstoffe aus violetter Seide, aufwendig bestickt mit dem Pfauenmotiv (Bild 88).

86.

Auf dem Tischchen im Erker steht die Schmuckkassette des Königs (Bild 88). Die Vorderseite zeigt eine wertvolle Miniatur-Malerei von Prof. August Spieß nach einem Bild von Garnier. Dargestellt ist: „Das Recht der ersten Brautnacht - Jus primae noctis“. In dieser Kassette bewahrte der König seinen Schmuck auf, der - soweit er nicht nach dem Tode Ludwigs verkauft worden ist - sich heute in der Schatzkammer der Münchner Residenz befindet.
An der Türe zum Wohnzimmer befindet sich der schönste Türbeschlag des Schlosses, aus poliertem Schmiede-Eisen hergestellt (von der Münchener Kunstschmiede Karl Moradelli) (Bild 87).

Durch die Schloßbauten König Ludwigs II. hat das Kunsthandwerk in Bayern einen sehr hohen Stand erreicht. Beim Wiederaufbau der zerstörten Kulturdenkmäler in Bayern nach dem zweiten Weltkrieg konnte auf ein hervorragend ausgebildetes Kunsthandwerkertum zurückgegriffen werden, was zu einem großen Teil der seinerzeit gezielten Förderung durch König Ludwig II. zu verdanken ist.

87. Schmiedeeisener Türbeschlag

88. Schmuckkassette.
Im Hintergrund: Vorhang bestickt mit dem Pfauenmotiv.

89. Walther fordert zum Kreuzzug auf

Das Wohnzimmer

Der große Salon, das königliche Wohnzimmer, wurde nach Entwürfen von Julius Hofmann eingerichtet (Bild 94). Durch eine Säulenreihe ist ein kleiner Raum optisch vom Hauptraum getrennt. In dieser kleinen Sitzecke, dem sogenannten „Schwaneneck", soll sich König Ludwig II. besonders gerne lesend aufgehalten haben (Bild 94). Der Fußboden dieser Sitzecke ist noch mit einem der wenigen Original-Teppiche ausgelegt. Früher befanden sich in allen Zimmern der Königswohnung diese maschinengewebten Teppiche. Sie waren aus breiten Bahnen zusammengesetzt.

93.

94.

Im Falle einer Beschädigung konnte die jeweilige Bahn ohne Probleme ausgewechselt werden. Während des zweiten Weltkrieges war das Schloß Einlagerungsstätte für Kunstgegenstände und Gemälde. Damals wurden die Teppiche entfernt und an einen unbekannten Ort verbracht. Die meisten sind nie mehr aufgetaucht - wahrscheinlich wurden sie durch Kriegseinwirkungen zerstört. Die vier Säulen, die das Schwaneneck vom eigentlichen Wohnzimmer trennen, weisen in ihren Kapitellen reiche Bildhauer-Arbeiten auf. Sie zeigen die Brustbilder Christi, eines Kaisers, eines Königs und eines Kreuzritters. Diese Plastiken sollen die Grundlagen der mitteralterlichen Welt in Deutschland symbolisieren. Neben den Säulen und an den Fensten hellblaue Seidenvorhänge mit dem Schwanen-Motiv bestickt. Im Fenster-Erker steht ein lebensgroßer Schwan aus Majolika, hergestellt von der Nymphenburger Porzellan-Manufaktur (Bild 93). Im Rücken des Schwanes befindet sich eine abgedeckte Öffnung. Er war als Blumenvase gedacht.

Der große Leuchter aus vergoldetem Messing ist mit 48 Kerzen bestückt. Es ist vielleicht interessant zu wissen, daß alle großen Lüster des Schlosses eine Kerzenzahl haben, die immer durch zwölf teilbar ist. Der geschichtliche Hintergrund dafür ist, daß nach der „Offenbarung des Johannes" das himmlische Jerusalem zwölf Tore hat, und für jedes dieser Tore der Stadt des Heils und des Lichtes steht eine Kerze.

95. Über der Tür zur Grotte: Lohengrin verläßt die Gralsburg: *"Nun führ das Roß nur wieder zu der Krippe hin! Ich zieh' mit diesem Vogel, wo er fährt..."*

Die Bilder im Wohnzimmer sind der "Lohengrin"- Sage entnommen. Hier ein kurzer Abriß dieser Sage, die Richard Wagner ebenfalls zu einer Oper verwendet hat:

Die Herzogin Elsa von Brabant wird von Ortrud und Telramund des Brudermordes angeklagt. Elsa beteuert ihre Unschuld, doch die Klage wird dem Kaiser vorgetragen und dieser ordnet ein „Gottesgericht" an. Ein Ritter soll für Elsa gegen Telramund kämpfen. Sollte Elsas Recke siegen, dann ist ihre Unschuld bewiesen. Durch das Gralswunder wird Lohengrin zu ihrem Beistand bestimmt (Bild 94). Mit einem Schwanen-Nachen bricht Lohengrin von der Gralsburg Montsalvat auf, um Elsa zu Hilfe zu eilen (Bild 95).
Vor den versammelten Rittern und dem staunenden Volk landet der Schwan mit Lohengrin in Antwerpen (Bild 96 und 98). Der Schwan verwandelt sich nach der Landung in einen Engel (Bild 100). Elsa klagt Lohengrin ihr Leid . Sie nimmt Lohengrins Angebot, für sie im Gottesgericht zu kämpfen, freudig an.
Lohengrin besiegt Telramund im Kampf und beweist damit Elsas Unschuld (Bild 100). Elsa heiratet daraufhin Lohengrin. Dieser macht aber Elsa darauf aufmerksam, daß sie ihn niemals nach seinem Namen oder seiner Herkunft fragen dürfe. Falls sie dies trotzdem täte, müßte er sie verlassen und zu seinem Vater zurückkehren.
Nach einigen Jahren, Elsa hat zwischenzeitlich von Lohengrin zwei Kinder bekommen, bedrängt die arglistige Ortrud beim Gang zum Münster Elsa, sie solle ihr den Vortritt lassen, denn sie sei ehrbarer als eine Frau, die nicht einmal den Namen ihres Mannes kenne. In ihrer Verzweiflung stellt Elsa die verhängnisvolle Frage an Lohengrin (Bild 94). Traurig nimmt daraufhin Lohengrin Abschied von seiner Frau und seinen Kindern und kehrt zur Gralsburg zurück (Bild 97).

97. Lohengrin's Abschied: *Nun muß ich auf die Fahrt! - Nun kam mit Eile mit einem Schiff sein Freund, der Schwan..."*

96. Lohengrin wird vom Kaiser begrüßt.

98.

Die Möbel und die Wandvertäfelungen weisen ebenso wie die schwere Holzdecke prachtvolle Schnitzereien aus Eichenholz auf. Der Bücherschrank zwischen den Fenstern ist die Kopie eines Schrankes, der sich auf der Wartburg bei Eisenach befindet (Bild 99). Die Bilder in den oberen Schranktüren sind von Ferdinand Piloty auf Goldgrund gemalt und zeigen folgende Motive.

Links: Gottfried von Straßburg mit einer Dame und einem Mönch, der das Tristan-Gedicht in seinen Händen hält.

Mitte: Wolfram von Eschenbach überreicht dem Thüringer Landgrafen die Parsifal-Dichtung, darüber zwei Engel mit dem Gral.

Rechts: Der blinde Dichter des Nibelungenliedes mit einem Mönch und einem Bischof, darüber Krimhildens Traum von den beiden schwarzen Adlern, die einen weißen Falken schlagen - das Omen von Siegfrieds Tod.

In der Hohlkehle der Decke befinden sich die Wappen von Geschlechtern, die mit der Lohengrinsage, dem Leitmotiv in diesem Raum, in Verbindung stehen.

99. Der Bücherschrank

Von Schloßbesuchern wird immer wieder die Frage gestellt, warum König Ludwig II. seine Wohnräume im Schloß Neuschwanstein in das 3. Obergeschoß verlegt hat. Er hätte es doch viel bequemer gehabt, wenn er die Königswohnung im 1. Stockwerk statt der Zimmer für die Dienerschaft einbauen hätte lassen. Die Antwort auf diese Frage ist aber ganz einfach! Im Mittelalter hat jeder Burgherr seine Wohnräume so hoch wie möglich im Palas untergebracht, denn bei einer Belagerung und Beschießung der Anlage wurden infolge der damals noch sehr beschränkten Reichweite der Belagerungsgeschütze zuerst die Räume, die in den unteren Stockwerken untergebracht waren, verwüstet. Der Wunsch König Ludwigs II. war, eine Burganlage wie im Mittelalter bauen zu lassen und er hat deshalb die gleiche Raumaufteilung gewählt.
Man spricht auch von Annochronismus, weil der König einerseits den mittelalterlichen Stil bevorzugte, andererseits aber die modernsten technischen Errungenschaften nutzte. Hier ist eine Aussage des Hofrates Düfflipp sehr interessant, der im Auftrage des Monarchen auf eine ähnliche Anfrage antwortete: "Warum soll man auf solche modernen Dinge verzichten, die man doch im Mittelalter sicherlich auch eingebaut hätte, wenn man sie gekannt hätte."

Der obere Schloßhof ist von drei Gebäuden umgeben (Bild 92):
An der Schluchtseite steht die Kemenate, im Mittelalter der Aufenthalt der Burgfrauen. Nach dem Tod des Königs wurde das bereits begonnene Fundament für dieses Gebäude wieder eingeebnet. 1890 beschloß aber Prinzregent Luitpold, die Kemenate in vereinfachter Form doch noch errichten zu lassen. Die Innenräume wurden aber nicht fertiggestellt.
Im Westen wird der obere Hof durch den Palas abgeschlossen. In ihm befinden sich die Königswohnung und die Prunkräume.
Auf der Ost-Fassade, direkt unter dem Dachgiebel, sind zwei Gemälde angebracht.
Links: " St. Georg im Kampf mit dem Drachen".
Rechts: " Die Patrona Bavariae".
Der langgestreckte Bau an der Nordseite des Hofes ist der "Ritterbau", auch "Dürrnitz" genannt.

100. Das Schwaneneck im Wohnzimmer

101.

Die Grotte und der Wintergarten

Zwischen dem Wohn- und dem Arbeitszimmer hat sich Ludwig II., dem romantischen Zeitgeschmack entsprechend, eine künstliche Tropfsteinhöhle einbauen lassen (Bild 101). Effektvoll durch Felsnischen beleuchtet und mit einem Wasserfall ausgestattet (heute nicht mehr in Betrieb), war auch die Grotte an die Warmluft-Zentralheizung angeschlossen. Der bekannte Münchner Landschaftsplastiker August Dirrigl, der auch die Grotte im Park von Schloß Linderhof eingebaut hat, modellierte über ein Stahlgerüst mit Werg und Gips eine täuschend echte Tropfsteinhöhle. Sie sollte die Hörselberg-Grotte aus der Tannhäusersage darstellen.

Von der Grotte aus, gleich rechts nach dem Wohnzimmer, ist der Eingang in den Wintergarten (Bild 102). Die Glastüre mit dem eingeätzten Schwan, aus einer einzigen Spiegelglasscheibe hergestellt, läßt sich nach links vollständig im Felsen versenken. Der Springbrunnen im Wintergarten war ursprünglich für einen Saal im maurischen Stil im zweiten Obergeschoß bestimmt. Da der Ausbau des zweiten Stockwerkes nicht mehr ausgeführt worden ist, wurde der bereits gelieferte Springbrunnen im Wintergarten aufgestellt. Durch die Fenster des Wintergartens hat man einen sehr schönen Ausblick auf den Forggensee.

102.

Das Arbeitszimmer

Das Arbeitszimmer des Königs ist entsprechend der Wartburg, die mit als Vorbild zum Bau des Schlosses Neuschwanstein gedient hat, im Stil überwiegend romanisch gehalten (Bild 103). Unter der herrlichen Eichholzdecke fallen die schweren Vorhänge und Möbelbezugstoffe aus grüner Seide auf, die das bayerische Rautenwappen zeigen, Stickereien und Applikationen wurden von der Firma Jörres in München ausgeführt. Die reichhaltigen Eichenholz-Schnitzereien stammen aus den Werkstätten von Pössenbacher und Ehrengut, München. Die kunstvollen Schmiedeeisen-Arbeiten wurden bei der Münchner Firma Moradelli angefertigt. Aus den Werkstätten der Firma Wollenweber, München, wurden die Kerzenleuchter und Schreibtisch-Utensilien geliefert. Auf der rechten Seite ein Eichenholz-Bücherschrank, in dem der König die Skizzen und Pläne für seine Bauten aufbewahrt haben soll. Gegenüber ein kleiner Kachelofen aus Steingut. Der große Schreibtisch stand ursprünglich direkt vor dem Fenster, im Raum selbst befand sich ein anderer Tisch. Um Platz für die vielen Besucher zu schaffen, wur-

103.

den in diesem Zimmer wie auch in fast allen anderen Räumen Möbel und Vorhänge entfernt, die in einem umfangreichenen Depot im Schloß gut geschützt aufbewahrt werden. Auch viele persönliche Dinge des Königs, bei denen die Gefahr eines Diebstahls sehr groß ist, sind in Magazinen eingelagert und bleiben so der Nachwelt und den Kunsthistorikern erhalten.

Die meisten Gemälde im Schloß zeigen Motive, die Richard Wagner als Thema für seine Bühnenwerke verwendet hat. Hier im Arbeitszimmer ist die Sage vom Ritter Tannhäuser, der mit der Liebesgöttin Venus ein Jahr im Hörselberg in einer Grotte gelebt haben soll, dargestellt. Richard Wagner hat die Geschichte vom "Sängerkrieg auf der Wartburg" und die Sage vom "Tannhäuser" zusammengefaßt und daraus das Libretto für eine seiner bekanntesten Opern (Tannhäuser) geschaffen.

Der Münchner Maler Josef Aigner hat die Bilder zu diesem Thema auf grobe Leinwand gemalt, sie wirken dadurch wie Gobelins. Nach der Überlieferung arbeitete der Künstler dem König etwas zu langsam und er soll deshalb einen anderen Maler hinzugezogen haben, damit die Gemälde schneller fertiggestellt werden konnten. Dieser Eingriff in seine künstlerische Arbeit soll Aigner in den Wahnsinn getrieben haben.

Die mittelalterliche Sage vom "Tannhäuser" in Kürze:

Ein Hirtenjunge bläst ein Lied auf seiner Schalmei, das Lied von der Liebesgöttin Venus (Bild 109), das davon erzählt, wie Tannhäuser von ihr in den Zauberberg (Hörselberg bei Eisenach), in dem sie in einer fantastischen Grotte residierte, gelockt wurde (Bild 106).

Nach einiger Zeit verläßt aber der Ritter den Venusberg, um wieder unter den Menschen zu leben. Beim Verlassen des Hörselberges begegnet er vor der Wartburg dem Landgrafen Hermann (Bild 104). Zusammen mit anderen Rittern und fahrenden Sängern reitet Tannhäuser auf der Wartburg ein (Bild 105).

104. Thannhäuser trifft den Landgrafen von Thüringen.

105. Die Sänger reiten auf der Wartburg ein. *"Eine Schar fährt aus, die andere ein, so geht's bei Tag und Nacht..."*

106. Tannhäuser bei der Venus im Hörselberg: *"Da war er wieder in den Berg, darein soll er nun bleiben..."*

107. Der Sängerwettstreit: *"Der Landgraf ist so hochgemuth, daß er mit stolzen Helden sein Hab' vertut..."*

Während des Sängerkrieges läßt sich Tannhäuser hinreißen, ein Loblied auf die Liebesgöttin zu singen und erregt dadurch den höchsten Zorn des Hofes und der Ritter (Bild 107).

Zur Buße wird ihm eine Wallfahrt nach Rom zum Papst auferlegt, um Vergebung seiner Sünden zu erlangen. Papst Urban IV. verweigert dem um Vergebung bittenden Büßer jedoch die Absolution mit den Worten: „Erst wenn der dürre Stab in meiner Hand sich schmückt mit frischem Grün, dann wird Dir von Gott verzieh'n" (Bild 110).

Im Gegensatz zur harten Meinung des Papstes zeigt aber Gott seine Verzeihung dadurch, daß der Stab des Papstes am nächsten Tag tatsächlich frisches Laub austrieb - aber es war zu spät: Tannhäuser ist verzweifelt über den harten Spruch des Kirchenoberhauptes in den Venusberg zurückgekehrt. Das mittelalterliche Gedicht endet mit dem Vers:

Das soll nie mehr ein Priester tun
Dem Menschen Mißtrost geben -
Und will er Buß und Reu empfahn -
Seine Sünd sei ihm vergeben!

108. Der Schwanenritter Lohengrin krönt die Schreibgarnitur des Königs.

109. Ein Hirtenjunge bläst auf seiner Schalmei.

110. Tanhäuser als Büßer beim Papst: *"Ach Papst, ach lieber Herr mein! Ich klag Euch meine Sünden..."*

111. Tannhäuser spielt zum Reigen auf: *"Traurige Herzen werden froh, sing er den Frauen den Reigen..."*

Das Adjutantenzimmer

In diesem war der persönliche Adjutant des Königs untergebracht (Bild 113). In der linken Ecke befindet sich eine Truhen-Sitzbank. Tagsüber diente sie als Sitzgelegenheit und nachts konnte sie mittels einer praktischen Einrichtung in ein Bett verwandelt werden. Rechts hinter dem Kachelofen ist eine elektrische Rufanlage eingebaut. Von jedem Raum der Königswohnung aus konnte der Hausherr den Adjutanten zu sich rufen. Nach einem Glockensignal konnte auf eine optische Anzeige abgelesen werden, aus welchem Raum der Ruf erfolgte. Betrieben wurde diese Anlage mit einer Trockenbatterie. Die Vorhänge und die Bezüge dieses Raumes sind aus blauem Wollstoff hergestellt, in den einige Goldfäden eingewirkt worden sind. Solche Vorhänge waren an allen Türen und Fenstern und auch zwischen den Säulen angebracht. Heute befinden sich die meisten dieser kostbaren Stücke im Magazin. Die Möbel, die Holzdecke und die Wandvertäfelungen sind wie in allen Räumen aus Eichenholz angefertigt. Beachtenswert sind auch hier die herrlichen Türbeschläge aus poliertem Schmiede-Eisen.

Durch die Tür im Hintergrund des Raumes erreicht man das Kammerdienerzimmer. Auch dort ist eine kombinierte Sitz-Bett-Truhe und eine elektrische Rufanlage, ähnlich der des Adjutantenzimmers, vorhanden.

An der Nordseite, zwischen den beiden Fenstern, ist oben knapp unter der Decke ein sogenanntes "Nürnberger Häuschen" zu sehen. Dieses kleine Wandschränkchen diente dem König als Hausapotheke, deren Inhalt der persönliche Adjutant mitzuverwalten hatte (112).

112. Das "Nürnberger Häuschen"

113. Das Adjutantenzimmer

114. Das Schloß mit dem 2045 m hohen Säuling im Hintergrund

Der obere Treppenabschluß

Die Mittelsäule der Haupttreppe des Schlosses endet in einer Dattelpalme aus stuckiertem Marmor, die scheinbar in den Himmel wächst. Daneben, aus Kalkstein gefertigt ein Drache. Er stellt symbolisch den Wächter des Turms dar (Bild 115). Im Turm über der Dattelpalme führt eine schmale Wendeltreppe bis zur Spitze des 68 Meter hohen Nordturms (für Besucher nicht zugänglich).

Der Vorraum zum 4. Obergeschoß

Die Vorhalle im vierten Obergeschoß betritt man durch eine große zweiflügelige Glastüre, die im oberen Teil mit Glasmalereien verziert ist. Zwei weitere, in Marmor gefaßte Portale führen von der Halle links zum Tribünengang des Sängersaales und rechts zur Thronsaalgalerie, die den Besuchern nicht zugänglich ist. Auch im vierten Obergeschoß befinden sich hinter kleinen Eichentüren die Dienertreppen.

Die Wandgemälde, von Wilhelm Hauschild ausgeführt, zeigen den zweiten Teil der Sigurdsage, deren erster Teil im Vorraum des dritten Stockwerkes dargestellt wurde:

Nach Sigurds Tod zieht Gudrun mit ihrem Gefolge zu ihrer Schwester Thora (Bild 116). Dort in der Einsamkeit will sie ihren Schmerz vergessen. Sie stickt die Heldentaten ihrer Ahnen in einen Wandteppich (Bild 118).

Der Hunnenkönig Atli und zwei andere Fürsten werben um Gudruns Hand (Bild 119). Gudrun wird von ihrer Mutter bedrängt, dem Werben Atlis nachzugeben, der

116. Gudrun's Reise zu Thora: *"Sieben Halbjahre saß ich bei Thora, Hakon's Maid in Dänemark..."*

117. Vorraum zum vierten Obergeschoß

aber hauptsächlich am Besitz des sich in Gudruns Händen befindlichen Nibelungenhorts interessiert ist. Schließlich gibt Gudrun dem Werben Atlis nach und begibt sich auf die Brautfahrt zum Hofe des Hunnenkönigs (Bild 121 rechts).

Nachdem Gudrun schon einige Jahre bei Atli gelebt und ihm einen Sohn geschenkt hat, will sie ihre unvergessenen Rachegefühle befriedigen und lädt ihre Brüder, die schuld am Tode Sigurds waren, zu sich an Atlis Hof ein. Ein Bote Atlis überbringt diese schicksalsschwere Einladung an den Hof Gunnars (Bild 120).

Gudrun begrüßt Gunnar und Högni im Festsaal am Hofe Atlis (Bild 122). Infolge der Habgier Atlis nach dem Nibelungenschatz kommt es zwischen den Hunnen und den fränkischen Rittern zum Kampf, bei dem die Franken unterliegen (Bild 123). Gudrun tötet ihr Kind, das sie von Atli empfangen hatte, kocht es und setzt es ihrem Mann und seinen Kriegern als Mahl vor (Bild 117).

In der Nacht darauf ersticht sie Atli und begibt sich dann zu ihrem Bruder Gunnar, der gefesselt im Schlangenturm liegt und mit den Füßen auf der Harfe traurige Lieder spielt (Bild 124).

***118. Gudrun beim Teppichsticken:** "In Gold stickte sie, sich zu zerstreuen, in deutschen Sälen dänische Wikinge..."*

***119. Die Fürsten werben um Gudrun's Hand:** "So freie den Fürsten. Bis Dich fesselt das Alter wirst Du verwaist sein, nimmst Du nicht ihn..."*

***120. Der Bote Atli's:** "...sandte Botschaft aus zu Gunnar, einen klugen Reiter, Knefröd geheißen..."*

***121. Links: Atli's Traum:** Ich wähnte Dich, Gjuki's Tochter, mir die Brust durchbohren mit blankem Dolch..."*

***Rechts: Gudrun's Brautfahrt mit Atli:** "Sieben Tage durchtrabten wir kaltes Land..."*

Gudrun tötet auch ihren Bruder als letzten Überlebenden der Franken und wirft dann die Brandfackel in die Burg (Bild 117 Mitte).
Anschließend stürzt sie sich in selbstmörderischer Absicht in das Meer, geht aber nicht unter, sondern wird von den Wellen an das jenseitige Ufer zur Burg des Königs Jonakur getragen, der sie zur Frau nimmt und an dessen Seite sie noch viele Jahre als Königin lebt. (Bild 117 links)

122. Gudrun begrüßt ihre Brüder am Hofe Atli's: *"Besser tätst Du, Bruder, in der Brünne zu reiten, als mit ringgeschmückten Helmen zu hausen bei Atli..."*

123. Der Kampf zwischen den Hunnen und den Franken: *"Sie griffen Gunnar, begannen ihn zu knebeln, den Burgundenfreund, und banden ihn fest*

124. Gunnar im Schlangenturm: *"Die Harfe nahm Gunnar, er griff mit den Fußzweigen; die Weiber weinten, so wußt' er zu spielen..."*

125. Tribünengang zum Sängersaal

Der Eingang zum Sängersaal führt über den Tribünengang (Bild 125), von dem man einen schönen Ausblick auf den Forggensee, Schwangau und das Füssener Land hat. Sängersaal und Tribünengang sind mit vielen Gemälden von F. Piloty und A. Spieß ausgestattet, die die Parsifalsage erzählen.

Die Bilder aus dem Tribünengang:

Parsifal begegnet am Karfreitag einer wallfahrenden Ritterfamilie (Bild 126). Dieses Gemälde sollte auf Wunsch König Ludwigs am Karfreitag 1884 enthüllt werden. Der Maler des Bildes, A. Spieß, mußte vom König Vorwürfe wegen der falschen Darstellung des Pferdes hinnehmen. Als begeisterter Pferdeliebhaber sah Ludwig sofort, daß ein

Pferd auf zwei Beinen nicht stehen kann! Es muß im Stand immer mindestens drei Beine auf der Erde haben. Der König beließ es aber dann dabei und verlangte keine Abänderung der Darstellung - wie er es bei anderen Gemälden im Schloß manchmal gefordert hatte.

Gahmuret's Einzug in die Mohrenstadt Patelamunt (Bild 129). Gahmuret, zweiter Sohn des Königs Gaudin von Anjou, zieht mit reichem Gefolge in die Stadt der Mohrenfürstin Belakane ein, die von ihren Gegnern fälschlich des Mordes an König Eisenhart bezichtigt wird. Er besiegt die Gegner Belakanens im Turnier und heiratet die Mohrenkönigin (Bild 131).

Er zeugt mit ihr seinen Sohn Feirefiz, verläßt sie aber bald wieder und zieht nach Frankreich. Auf seinem Weg kommt Gahmuret zur Königin Herzeloide, die ein Trunier ausgerufen hat und dem Sieger ihre Hand und Krone als Preis zusagt. Gahmuret siegt und heiratet Herzeloide (Bild 128). Sie wird die Mutter Parsifals.

Gawan, der Neffe von König Artus und der glänzendste Ritter von dessen Tafelrunde, stiftet Versöhnung zwischen Melianz und Obie, der Tochter des Herzogs Lippaot von Beaurocher, und bewirkt dadurch deren Verlobung und Eheschließung (Bild 130). Später findet Gawan einen schwerverwundeten Ritter, reinigt und verbindet seine Wunden und stärkt ihn durch heilkräftige Kräuter (Bild 133).

Im Auftrag Kundries befreit er auf Schloß Chatell Merveille die von Klingsor gefangen gehaltenen Königinnen und Frauen. Er besteht in diesem Zauberschloß gefährliche Abenteuer, als letztes den Kampf mit einem Löwen, den er zwar töten kann, aber von dessen Hauch er vergiftet wird und bewußtlos zu Boden sinkt (Bild 134). Königin Arnive und ihre Frauen finden Gawan und es gelingt ihnen, ihn wieder ins Leben zurückzurufen.

126. Parsifal begegnet am Karfreitag einer Ritterfamilie.

127. Gawan im Garten von König Gramoflanz

128. Gamuret heiratet Herzeloide

129. Gamuret's Einzug in Patelamunt

130. Gawan versöhnt Melianz und Obie

Gawan übernimmt auf Geheiß Orgelusens, die er später heiratet, die schwere Aufgabe, von dem Baum im Garten des Königs Gramoflanz einen Zweig abzubrechen (Bild 127). Nachdem Gawan Klingsors Zauberbann gebrochen und die Frauen auf Chatell Merveille befreit hat, hält er Hochzeit mit Orgeluse (Bild 132).

In der Kassetten-Holzdecke des Tribünenganges sind die Namen von bekannten deutschen Minnesängern eingezeichnet. Die sechs Kerzenlüster sind aus vergoldetem Messing hergestellt und mit Buntglas verziert (von E. Wollenweber, München).(Bild 125)

131. Gamuret im Turnier

132. Gawan heiratet Orgeluse

133. Gawan rettet einen verwundeten Ritter

134. Gawan's Kampf mit dem Löwen

135. Die Mäßigkeit

Der Sängersaal

Nach dem Besuch der Wartburg im Jahre 1867 erwachte in Ludwig II. der Wunsch, den Festsaal dieser Burg für sich nachbauen zu lassen. Als 1868 die Planungen für das Schloß Neuschwanstein begannen, war für den König einer der wichtigsten Räume des neuen Schlosses dieser Festsaal (Bild 136). König Ludwig II. war von den Werken Richard Wagners tief beeindruckt. So wollte er die Vorstellungen in seiner Phantasie durch reale Räumlichkeiten noch verdeutlichen. Der Architekt Julius Hofmann schuf aus dem Sängersaal und dem Festsaal der Wartburg eine Verdichtung zum Neuschwanstein-Sängersaal. Die Ausstattung wurde auf Wunsch des Bauherrn prunkvoller gestaltet als auf der Wartburg.

Die Bilder im Sängersaal zeigen die eigentliche Parsifalsage, beginnend an der Fensterseite von rechts nach links:

Parsifal erfährt durch den Grafen Karnachkananz von der Ritterschaft und wie eine solche errungen werden kann (Bild 138).
Parsifal nimmt Abschied von seiner Mutter Herzeloide, die ihn aber in ein Narrengewand steckt und hofft, ihn

136.

dadurch zu einer schnellen Heimkehr bewegen zu können (Bild 139).
Parsifal kommt an den Hof des Königs Artus, auf dessen Rat er mit dem roten Ritter Ither kämpft. Er besiegt diesen und nimmt ihm Pferd und Rüstung ab (Bild 137).
Parsifal kommt der von Feinden hart bedrängten Königin Condviramour zu Hilfe, besiegt ihre Feinde und heiratet sie (Bild 140).
Der tatenlosen Ruhe bald überdrüssig, zieht Parsifal auf's Neue aus und begegnet nach langer Fahrt dem kranken König Amfortas, der auf einem See fischt. Amfortas fordert ihn auf, die Gralsburg Montsalvat aufzusuchen, wo er ihn bewirten will (Bild 141).

137. Parsifal's Kampf mit dem "Roten Ritter"

138. Parsifal's erster Kontakt mit Rittern

Parsifal wird in der Gralsburg gastlich aufgenommen und nimmt am Mahl der Gralsritter teil. Während des Essens wird der leidende Gralskönig Amfortas in den Saal getragen, zusammen mit dem vergifteten Speer, der ihn verwundet hat. Der törichte Parsifal hat nicht den Mut, die von ihm erwartete Frage nach der Ursache der Krankheit des Königs zu stellen. Nur durch diese Frage könnte der Schwerkranke erlöst werden (Bild 148).

An der Seite zum Schloßhof, oben in den beiden Zwickeln:

Parsifal wird nach dem Mahl in ein prunkvolles Schlafgemach geführt und von Jungfrauen bedient Bis zum Morgen wird Parsifal von schweren Träumen geplagt. Parsifal verläßt die Gralsburg und wird vom Torwächter wegen seiner Dummheit verspottet. (Bild 149)

An der Tribünenwand von rechts nach links:

Kundrie, die Gralsbotin, beschimpft und verflucht Parsifal, weil er es versäumt hatte, die ersehnte Frage zu stellen (Bild 143).
Am Karfreitag kommt Parsifal zu der Klause, in der Trevrezent, der Bruder von Amfortas, als Einsiedler lebt. Dieser nimmt Parsifal bei sich auf und erklärt ihm die Geheimnisse des heiligen Grals (Bild 144).
Parsifal begegnet seinem Halbbruder Feirefiz (Bild 145).
Parsifal hat endlich die Frage nach der Krankheits-Ursache an Amfortas gerichtet und wird durch Kundrie zum Gralskönig berufen (Bild 142).

139. Parsifal's Abschied von seiner Mutter

140. Parsifal heiratet Condviramour

141. Begegnung Parsifal's mit Amfortas

Parsifal überträgt daraufhin seinem jüngsten Sohn Kardeiz die Regierung seiner Erblande und tritt die Herrschaft als Hüter des Grals an. Sein Bruder Feirefiz heiratet Repanse, die Schwester von Amfortas und zieht mit ihr nach Indien. Aus ihrer Verbindung entstammt der Priesterkönig Johannes.

An der Wand über der Sängerlaube oben in den beiden Zwickeln:
Links: Lohengrin, der Sohn Parsifals, verläßt mit dem Schwanenschiff die Gralsburg auf dem Weg zu Elsa von Brabant.
Rechts: Repanse mit dem heiligen Gral.

Das große Bühnenbild in der Sängerlaube stellt den Zaubergarten Klingsors dar (Bild 152).

Links und rechts des Bühnenbildes zwischen Rosenranken Minnesänger und allegorische Darstellungen.

Eine mächtige Decke aus Fichtenholz überspannt den Raum. Sie ist in Kassetten aufgegliedert, die mit Ornamenten, abwechselnd mit Tierkreiszeichen, bemalt sind. Über dem Galeriegang befindet sich der Balkon, mit einem Vorsprung über dem Eingang, der von zwei vollplastischen Figuren getragen wird, links Kyot (Bild 146), der Schreiber und Dichter, der zu Toledo die weggeworfene Urfassung der Gralsgeschichte gefunden und übersetzt hat, rechts Flayetanis, der in den Sternen vom heiligen Gral gelesen und über ihn geschrieben hat (Bild 147).

142. Kundrie beruft Parsifal zum Gralskönig

143. Kundrie verflucht Parsifal

144. Parsifal bei Trevrezent

145. Parsifal begegnet Feirefiz

146.

147

An der Fensterseite des Saales sind unter der Holzdecke eine Reihe von vollplastischen Figuren zu sehen.
Von rechts nach links:
Ein Anker, das Wappenschild Gahmurets Die Schlange, die die dämonische Gegenwirkung gegen den Gral symbolisieren soll.
Luzifers Fall, bei dem ein Edelstein aus seiner Krone brach. Aus diesem Stein wurde der Gralskelch geschnitten (Bild 151).
Ein Engel, der diesen Edelstein bis zur Menschwerdung Christi schwebend gehalten hatte.
Greif und Drache, welche als Wappenzeichen und symbolische Tiere oftmals in der Parsifaldichtung genannt werden.

Ein Ritter mit der abgebrochenen Lanze, die das Siechtum des Königs Amfortas herbeigeführt hat.
Ein Gralsritter, mit Schild und Speer Wache haltend. Der Aloe-Baum, dessen Holz auf der Gralsburg als Heilmittel gegen die Leiden des Amfortas verbrannt wurde.
Der Pelikan, dessen Blut ebenfalls zur Linderung der Leiden des Amfortas verwendet wurde.
Das Einhorn, dessen Herz die Krankheit des Amfotas heilen sollte. Klingsor, der tückische Zauberer aus dem Orient, dem Parsifal den heiligen Speer abnahm. Unter den Figuren sind viele Wappen und auf Goldgrund gemalte Porträts zu sehen, die alle mit der Parsifalsage in enger Beziehung stehen.

148. Parsifal in der Gralsburg Montsalvat

149. Parsival wird verspottet

Über den ganzen Raum verteilt sind die ritterlichen Tugenden „Stärke, Treue, Gerechtigkeit, Beständigkeit, Mäßigkeit, Seligkeit, Wahrheit und Weisheit“ in Form von Allegorien dargestellt (z. B. Bilder 135).

Beleuchtet wurde der Saal von vier mächtigen Kronleuchtern und zehn riesigen Kandelabern, alle aus vergoldetem Messing und mit böhmischem Buntglas bestückt (von Wollenweber, München).

In diesem Saal hat der König nie ein Konzert erlebt. Erst 1933, aus Anlaß des 50. Todestages von Richard Wagner, wurden hier bis Kriegsausbruch 1939 großartige Wagner-Festkonzerte veranstaltet. Eine Gedenktafel im unteren Schloßhof erinnert noch an die weltbekannten Künstler, die seinerzeit mitgewirkt haben. 1952 wollte man die Konzertreihe wieder ins Leben rufen, aber infolge des damals noch herrschenden Geldmangels war diesen Konzerten kein Erfolg beschieden - sie wurden wieder eingestellt.

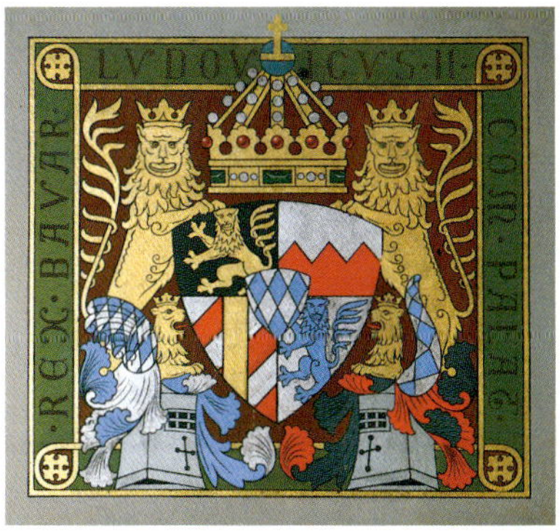

150. Das Königswappen

Bis zum 100. Jahrestag der Grundsteinlegung des Schlosses im Jahre 1969 hatten sich dann aber die wirtschaftlichen Verhältnisse im Lande soweit gebessert, daß man eine Wiederaufnahme wagen konnte.
Seit dieser Zeit finden jährlich die weit über die Grenzen Bayerns hinaus bekannt gewordenen Schloßkonzerte statt. (Auskünfte über diese Konzerte können bei der Kurverwaltung Schwangau eingeholt werden).

151. Luzifer’s Höllensturz

Über den beiden kleinen Türen neben der Sängerlaube ist das bayerische Königswappen abgebildet (Bild 150). Auf dem grünen Band, welches das Wappen begrenzt, sind in lateinischer Sprache die Worte: „Ludwig II., König von Bayern, Pfalzgraf“ zu lesen. Diese Inschrift ist im ganzen Schloß der einzige Hinweis auf seinen Erbauer (die Büste in der Vorhalle zum „Roten Gang“ wurde erst 1988 aufgestellt).

152. Der Zaubergarten Klingsor’s

Die Küche

Die Küche auf Schloß Neuschwanstein ist im Gegensatz zu den Küchen in den Schlössern Linderhof und Herrenchiemsee noch vollständig erhalten. Sie ist in einem großen zweischiffigen, von zwei mächtigen Säulen getragenen Kreuzgewölbe untergebracht (Bild 153).

In der Mitte steht ein großer, freistehender Herd, dahinter eine Anrichte und zwei Ahornholz-Fleichböcke. Die Küche war für die damalige Zeit hochmodern ausgestattet. Fließendes heißes und kaltes Wasser war ebenso vorhanden wie ein automatisch arbeitender großer und kleiner Drehspieß. Die Drehspieße funktionierten auf folgende Weise: Die aufsteigende Heißluftsäule des Feuers in der Esse drehte eine Turbine, deren Bewegung mittels eines Getriebes auf den Spieß übertragen wurde. Neben dem großen Drehspieß ist auch noch ein Holzkohlengrill eingebaut. Rechts davon der Tellerwärme-Schrank. Der Rauch und die Abwärme des großen Küchenherdes wurden unterirdisch abgeleitet, durch einen sogenannten Fuchs, und über ein dickes Rohr, links am Wärmeschrank, zum Kamin geführt.

In der rechten Ecke befindet sich ein Holzbackofen und daneben an der rechten Seitenwand ein kleiner Herd, darauf der kleine Drehspieß.

Unter dem Fenster, links von der Balkontüre, ist ein Fischbecken aus Granit eingebaut, der Wasserhahn darüber hat die Form eines Schwanenkopfes. (Die technische Einrichtung dieser Küche wurde von der Gas- und Wasserleitungsgesellschaft Stuttgart/Bad Canstatt geliefert und eingebaut.)

An den Wänden ringsum stehen weitere Anrichten, von denen eine einen Eisschrank enthält. Über diesen Anrichten sind auf halber Raumhöhe Eisen-Regale angebracht, auf denen das Kupfergeschirr abgestellt werden konnte. Das Original- Geschirr aus der Küche ist jedoch nicht mehr vorhanden. Heute sind einige Ausstellungsstücke aus anderen Küchen zu sehen. Die Küche war von 1884 bis 1886 in Betrieb. Wenn auch der König während

153.

dieser Zeit nur 172 Tage im Schloß Neuschwanstein verbrachte, mußte doch in der übrigen Zeit das Personal versorgt werden.

Etwa 10 bis 15 Personen waren zum Unterhalt des Schlosses und der Räume ständig anwesend. Wenn der König seinen Aufenthalt im Schloß nahm, erhöhte sich diese Zahl auf mehr als das Doppelte.

Vom Küchenbalkon bietet sich ein schöner Blick in die romantische Pöllatschlucht mit Wasserfall und Marienbrücke (Bild 155).

Von der Küche aus gelangt man in einen Vorraum, der das Büro des Küchenchefs und einen großen Einbauschrank für das Geschirr enthält. Von diesem Vorraum aus kann man auch einen Blick in die Spülküche werfen, die ebenfalls noch vollständig eingerichtet ist (Bild 154).

154. Die Spülküche

155. Marienbrücke mit Säuling

Im Erdgeschoß waren auch die großen Öfen für die Heißluft-Zentralheizung untergebracht. Diese Räume sind aber für Schloßbesucher nicht zugänglich. Fünf Öfen erzeugten Heißluft, die dann über ein Rohr- und Schachtsystem in die Räume der Obergeschosse geleitet wurde. Ein eigener Lastenaufzug bewältigte die Herbeischaffung der Riesenmengen von Heizmaterial für Küche und Zentral-Heizung.

156. König Ludwig II. auf dem Thronsaal-Balkon des Schlosses Neuschwanstein *(Gemälde von Ferdinand Leeke).*

157. Das Schloß Hohenschwangau, *wiedererrichtet von 1832 bis 1838 durch Kronprinz Max von Bayern, Vater von Ludwig II. und später König Maximilian II. von Bayern. Als Architekten verpflichtete Der Kronprinz die Gebrüder Quaglio.*

158. Schloß Linderhof *im Graswangtal bei Oberammergau. Dieses kleine Rokoko-Schlößchen ist als einziges von den Königsschlössern vollendet worden.*

159. Schloß Herrenchiemsee. *Dieses prunkvolle Schloß ließ Ludwig II. in Anlehnung an Versailles errichten. Aber Herrenchiemsee ist nur zum Teil fertig geworden.*

160. König Ludwig II. von Bayern bei seiner nächtlichen Schlittenfahrt im Musical "Ludwig II. - Sehnsucht nach dem Paradies" in Füssen.